LES MACRON DU TOUQUET
ÉLYSÉE-PLAGE

RENAUD DÉLY
ET MARIE HURET

LES MACRON DU TOUQUET ÉLYSÉE-PLAGE

ÉDITIONS DU SEUIL
57, rue Gaston-Tessier, Paris XIXe

ISBN 978-2-02-142077-7

www.seuil.com

Duche ti quel est ch'baraque ?

Anonyme, Le Touquet, 2020.

INTRODUCTION

Le bonheur à huis clos

Une bulle. Un havre de paix. Un petit paradis sous cloche, à moins de deux heures et demie de la capitale. Le Touquet Paris-Plage, coquette station balnéaire posée sur la Côte d'Opale, halte prestigieuse pour fortunés aspirant au calme. Ses ciels limpides, son air vivifiant, ses clubs de plage pour les enfants et son golf pour les grands, son casino et son hippodrome, le point de ralliement des bourgeoisies de la moitié nord de l'Hexagone.

De Paris, Lille ou Reims, les fortunés affluent depuis un peu plus de un siècle pour profiter des charmes de cette station chic et familiale. Pas bling-bling pour un sou, discrète et paisible, Le Touquet n'affiche ni le côté m'as-tu-vu de Deauville, ni l'esbroufe et la frime de Saint-Trop'. Ici, on n'étale pas sa réussite, on en profite à l'ombre des pins où se nichent les résidences secondaires des grands industriels du Nord. Une certaine idée de l'entre-soi. Un esprit de famille à l'ancienne que l'on perpétue de génération en génération.

Pour vivre heureux, vivons cachés. L'adage est connu. On le croirait inventé pour l'endroit. Le Touquet, 4 223 habitants l'hiver, cinq à dix fois plus en haute saison l'été, sans même que la quiétude des lieux n'en paraisse troublée.

Le « Jardin de la Manche » disaient les publicitaires au début du XXe siècle. Le jardin secret des Macron reprend l'écho un siècle plus tard. Brigitte y a profité de tous les plaisirs d'une jeunesse dorée, Emmanuel l'y a rejointe pour se faire aussitôt adopter par la bourgeoisie du cru.

Le Touquet, c'est le berceau de « Bibi » et le repaire de « Manu », comme on les appelle sur leurs terres. C'est aussi le refuge du couple présidentiel quand la météo politique vire à la tempête dans l'Hexagone.

C'est là que les Macron ont connu leurs derniers moments de quiétude avant d'être plongés dans le cauchemar de l'épidémie du Covid-19. Un aller et retour le 15 mars 2020, par un beau dimanche printanier, pour aller accomplir leur devoir de citoyen, et glisser un bulletin dans l'urne à l'occasion de ce premier tour des élections municipales que le président avait tant hésité à reporter. Soleil vif, ciel clair, atmosphère calme et tranquille, tout semble encore si normal, ou presque. Seule entorse à leurs habitudes, Emmanuel et Brigitte se gardent bien de serrer des mains ou de distribuer des bises comme ils le font d'ordinaire lorsqu'ils viennent dans leur fief. Le président donne ainsi l'exemple du respect des fameux gestes « barrière » et autre « distanciation sociale », les consignes édictées par le gouvernement pour se protéger de la maladie. L'un après l'autre, ils sortent leur stylo de leur poche au moment de signer le cahier d'émargement. Puis, elle ceinte d'un manteau bleu ciel, lui tout de bleu marine vêtu, ils descendent les quelques marches de l'hôtel de ville en se contentant d'adresser de lointains gestes de la main à leurs supporters. C'est là qu'Emmanuel ne peut s'empêcher d'esquisser un rictus agacé, lâchant entre ses dents à l'intention de Brigitte : « Tss, ça ne va pas… » Trop de monde, trop de gens agglutinés les uns aux autres comme si de rien n'était, trop de bousculades et d'embrassades. La veille au soir, le Premier ministre Édouard Philippe a pourtant décrété en urgence la fermeture des bars, restaurants et hôtels. Mais rien n'y fait. L'insouciance, la légèreté, bref, un bonheur sans nuage continue de planer sur les Touquettois inconscients de l'approche irrémédiable d'un danger invisible. Rien ne semble pouvoir troubler la félicité qui règne sur la Côte d'Opale.

Ici, pas de Gilets jaunes, pas de défilés de manifestants hostiles à la réforme des retraites, pas de lepénistes agressifs et encore moins d'Insoumis vociférants, au Touquet on vit entre gens de bonne compagnie. On se croise sous l'arche du marché couvert en demi-lune ou dans les commerces de la rue Saint-Jean, l'agréable artère piétonne qui s'achève au pied de la « Monéjan », la maison familiale de la dynastie Trogneux. On partage un apéritif sur le front de mer ou on papote alangui sur le sable fin entre deux cabines de plage colorées, rare privilège hérité qui garantit l'AOC touquettoise du propriétaire de ces quelques planches. Dunes à perte de vue, villas au charme « so british », élégance et raffinement. Aux beaux jours s'ouvrent les volets de trésors architecturaux de style Tudor cachés derrière de somptueuses haies soigneusement taillées. Ils ne se refermeront qu'à la fin de l'été. Le Touquet, c'est le charme discret de la bourgeoisie, l'art de vivre d'une poignée de premiers de cordée, l'étiquette surannée propre aux gens bien nés.

Au second tour de l'élection présidentielle de 2017, Emmanuel Macron y a recueilli 81 % des voix, soit quinze points de plus que sa moyenne nationale. Depuis trois ans, sa cote s'est effondrée dans le reste du pays, il est rejeté par les deux tiers des Français et tutoie les records d'impopularité de ses prédécesseurs. Un peu partout, la rue s'agite, la colère enfle, la haine affleure. Au Touquet, c'est le contraire. Luxe, calme et volupté. Au fil du temps, son énergie séduit, son volontarisme épate, son image s'améliore. Ministre de François Hollande, le jeune Emmanuel Macron inquiétait bien encore quelques huiles locales qui le prenaient, horreur, pour un homme de gauche, voire pis encore, pour un socialiste... Au bout de trois ans de règne à l'Élysée, l'équivoque est levée, le quiproquo dissipé, les Touquettois rassurés. Président libéral, pourfendeur de l'ISF et apôtre du « ruissellement », Emmanuel Macron est bien l'un des leurs. Le Touquet, c'est le village d'Astérix qui résiste encore et toujours à l'envahisseur, ces cohortes d'opposants au président qui déferlent dans l'Hexagone. Le Touquet, c'est le paradis perdu de la Macronie.

Un gage de sécurité où se calfeutrer en ces temps incertains, un sas de décompression pour fuir le bruit de la foule et la houle des mécontents.

Au Touquet, le temps s'arrête et tout y va toujours pour le mieux, dans le meilleur des mondes.

C'est à un Amiénois de naissance, mais Touquettois de cœur, Édouard Lévêque, artiste peintre méconnu du début du XXe siècle que ce bord de mer doit l'appellation de Côte d'Opale attribuée à la veille de la Première Guerre mondiale en référence aux tons changeants des ciels marins.

C'est à un autre Amiénois de naissance et Touquettois d'adoption, que la station doit sa seconde jeunesse. *Fiat lux, fiat urbs* – « puisque la lumière avait été faite, alors que la ville soit » –, telle est la devise latine de la commune. En 2017, la lumière jaillit de nouveau et prit les traits de Manu…

Depuis son accession au pouvoir suprême, la station revit. Le Touquet Paris-Plage est devenu… Le Touquet Élysée-Plage.

Les badauds affluent de tout le pays en quête d'un selfie avec Brigitte, des touristes traversent l'Atlantique pour venir observer la façade vitrée de la villa présidentielle, les commerçants se frottent les mains et les agents immobiliers se lèchent les babines : tous savourent « l'effet Macron ».

Joliment baptisé « Paris-Plage » à la fin du XIXe siècle par Hippolyte de Villemessant, ancien patron du *Figaro* et ami du créateur des lieux, un notaire parisien du nom d'Alphonse Jean-Baptiste Daloz, Le Touquet a importé de la capitale ses boutiques de luxe, qui s'alignent le long de l'avenue du Verger rebaptisée « Champs-Élysées touquettois », son « Triangle d'or » où les prix des villas de prestige s'envolent à des altitudes indécentes – 2, 3, 4 millions d'euros ! – encore jamais atteintes, ses grands patrons en week-end et ses VIP en villégiature.

Jadis, à la plage, Édith Piaf accumula, en vain, d'infructueuses leçons de natation. Jeanne Moreau tourna, elle, l'inoubliable *Ascenseur pour l'échafaud* de Louis Malle dans les salles et couloirs du mythique hôtel Westminster. Serge Gainsbourg débuta sa carrière au piano du restaurant Chez Flavio et Philippe Noiret sortait à cheval de la villa qu'il louait, La Plume au vent, pour aller galoper dans la forêt. De nos jours, il arrive que quelques people « Vus à la télé », de Laurent Delahousse à Sébastien Cauet, de Nicolas Canteloup à Patrick Poivre d'Arvor, se croisent sur la plage, tandis qu'installé à l'année à l'abri dans la forêt, l'immense Milan Kundera achève de couler de vieux jours heureux.

Quel meilleur endroit que cet éden iodé pour fuir les tourments nés de l'exercice du pouvoir ? Brigitte se ressource sur ses terres sans crainte d'être importunée. Emmanuel prend des bains de foule qui lui font miroiter le souvenir de sa popularité évanouie. C'est leur madeleine à eux deux, celle qui réveille en Bibi le souvenir d'une jeunesse choyée, héritière d'une dynastie de notables respectés, celle qui ressuscite chez Manu l'arrière-goût de la conquête, de Brigitte d'abord, du pouvoir ensuite. Le Touquet, c'était Brigitte avant Emmanuel, les Trogneux avant les Macron. L'enracinement d'une famille amiénoise dépositaire d'un secret de fabrication, une recette de macarons qui a fait leur fortune, avant le débarquement d'un jeune étudiant hors du commun à l'ambition gargantuesque. Mais la Côte d'Opale est vite devenue leur nid commun à tous les deux, celui d'un couple exclusif enclin à jouir d'un bonheur égoïste coupé du reste du monde.

Pour les Macron, Le Touquet Élysée-Plage, c'est la vie hors sol, le bonheur à huis clos. Il faut humer l'inébranlable paix qui imprègne cet univers hors du temps pour comprendre l'étrange rapport au réel qu'entretient notre si jeune président. Si tout semble parfois glisser sur lui au point de lui valoir une réputation d'être insensible, sans affect ni état d'âme, c'est peut-être parce que Emmanuel Macron s'est trop laissé bercer, presque enivrer, par les douces vapeurs de la Côte d'Opale. Aurait-il tendance à penser que le reste du pays ressemble à ce petit coin de paradis ?

C'est toutefois la vision de la foule rassemblée pour l'acclamer à la sortie de l'hôtel de ville le 15 mars, jour du premier tour du scrutin municipal, qui acheva de le convaincre de prendre des mesures radicales pour faire face à la menace du Covid-19 qui s'apprêtait à déferler sur l'Hexagone. Comme chaque fois, le passage des Macron dans la station avait rameuté leurs fans enthousiastes. Inconscients du danger invisible du virus, ils s'étaient collés les uns aux autres pour faire une ovation à leurs héros. En observant ce spectacle, le président regretta plus encore d'avoir maintenu les élections. Son bras avait tremblé au moment de les repousser. Cette fois, il ne flancherait pas. Deux jours plus tard, la France entrait dans une période de confinement à rallonge inédite dans son histoire pour tenter de freiner les ravages d'une pandémie planétaire. En chamboulant le cours du quinquennat, l'épidémie a contraint le locataire de l'Élysée à revoir de fond en comble son logiciel idéologique. Le réel, tragique et meurtrier, est venu percuter la douce quiétude de sa bulle touquettoise. Il a condamné Emmanuel Macron à de déchirantes révisions politiques autant que personnelles, à une profonde remise en cause publique aussi bien qu'intime. Durable ou pas, la métamorphose est spectaculaire.

C'est pour comprendre les soubresauts de ce quinquennat troublé à nul autre pareil et saisir les ressorts secrets de celui qui y préside qu'il nous faut nous plonger dans l'entre-soi touquettois. C'est en se frayant un chemin jusqu'au cœur de cette douce intimité bourgeoise, en cheminant en l'aimable compagnie de ces notables épanouis, en s'initiant à leurs délicats us et coutumes, que l'on en vient peu à peu à comprendre ce qui cloche en Macronie.

CHAPITRE I

Les mariés du West

Brigitte a fait onduler quelques mèches et relevé ses cheveux blonds sur la nuque. Manu, qui ne se ruine jamais chez le coupe-tifs, a fait un effort démesuré pour ne plus ressembler à cet « étudiant tchèque en échange universitaire qui n'a pas vu un coiffeur depuis des décennies ! ». Une vanne ciselée par son pote et témoin de mariage Marc Ferracci qui le connaît depuis Sciences Po. C'est le grand jour. Brigitte a déposé son bouquet de lys sur le bord de l'imposante table du salon d'honneur de l'hôtel de ville. Emmanuel a accroché un brin à sa boutonnière. Elle porte un tailleur blanc, veste et robe courte assorties. Il a noué une cravate rose. Le 23 octobre 2007, « Marco » est aux anges. Il sourit comme un gamin en entendant le « oui » déterminé de son ami à la question rituelle du maire du Touquet, le charismatique Léonce Deprez : « Emmanuel Macron, consentez-vous à prendre pour épouse Brigitte Trogneux ? » Les flashs crépitent, l'assemblée applaudit. Félicitations ! Enfin !

Marc n'a jamais connu Emmanuel sans Brigitte. Ce mariage, confie-t-il, c'est « l'officialisation d'un truc fort, naturel, stable depuis tellement d'années ». Treize années de pseudo-clandestinité. Treize années à subir les ragots de la gentry touquettoise, les persiflages de la bourgeoisie amiénoise, les moqueries des Parisiens snobinards. La professeure de théâtre du lycée La Providence, la quadragénaire qui s'amourache en 1994 de son élève de 16 ans, quel scandale ! Quel opprobre pour les Trogneux, ces cathos de droite ! Quel embarras pour son frère Jean-Claude, de vingt ans son aîné, qui trône à la tête de la boutique familiale et n'a cessé de sermonner sa cadette. « Brigitte a rencontré un type très brillant, très jeune mais vous savez quoi ? Il est de gauche ! » se désole Jean-Claude auprès du curé du Touquet.

Bluffé par le « courage » de Brigitte, Marc Ferracci n'a jamais compté parmi les ayatollahs. L'économiste promu conseiller spécial auprès de la ministre du Travail Muriel Pénicaud fait partie du cercle privilégié des intimes. Il a passé quelques week-ends au Touquet dans la grande villa remplie de petits-enfants se chamaillant, de cousins cavalant dans tous les sens... Il apprécie la Monéjan, cette demeure toute en verticalité, accueillante avec son petit côté suranné : « Un ancrage familial très fort pour Brigitte et Emmanuel. » Le lendemain du mariage, Marc et sa femme Sylvie, brillante avocate, sont les seuls invités, à l'exception de la famille, au brunch dominical qui se tient à la Monéjan. Rare privilège que d'être admis au sein du clan. La veille de la cérémonie, ils avaient flâné avec les futurs époux sur la plage à marée basse. Pris ce shoot d'air iodé qui dope le moral de Brigitte depuis son enfance. Remonté le temps en ressuscitant la petite bande de la rue Saint-Guillaume qui préparait l'Ena dans l'appartement parisien des Ferracci. Des heures à bachoter des fiches de lecture. À refaire le monde (social-libéral) au café. À confronter leurs accointances politiques (une ligne républicaine réformiste). Macron a décroché le Graal, Ferracci s'est planté. Il a dû « se contenter » d'HEC.

Mais ces deux-là sont comme des frères. Presque des jumeaux, nés en 1977 à deux jours d'écart – Manu, le 21, Marc le 19 décembre. Pour fêter ça, ils se font toujours une bonne bouffe. S'offrent des bouquins, surtout de la poésie : Yves Bonnefoy, Robert Desnos, René Char... Ce cher René Char dont l'aphorisme – « Impose ta chance, serre ton bonheur et va vers ton risque. À te regarder, ils s'habitueront » – semble taillé pour illustrer la matrice macronienne. Leur cher René Char que Marc convoque, le soir du mariage, dans son discours très applaudi. Marc sait pourquoi. Manu sait pourquoi. Le témoin du marié cite les *Feuillets d'Hypnos* du poète résistant de L'Isle-sur-la-Sorgue qui appelle à l'introspection et à la rébellion. « Ne t'attarde pas à l'ornière des résultats... », l'extrait choisi fait référence à leur passé de compétiteurs. Autrement dit, ne te décourage jamais. Relève-toi. Bats-toi. Un mantra illustrant, pour les deux amis, une période compliquée : Ferracci a mal encaissé son échec au concours de l'Ena. Macron, qui l'a décroché, lui a apporté un soutien moral indéfectible. Le 11 juin 2005, c'est Emmanuel qui était le témoin de son mariage. Échange de bon procédé, Marc se mariait dans l'Aveyron, moins chic que Le Touquet !

Et moins sélect que le Westminster où se tiennent les festivités. Dehors il fait un froid de canard, ce soir du 23 octobre 2007. La centaine de happy few s'engouffrent dans les portes à tambour du palace et se réfugient au salon où crépite un feu dans l'immense cheminée. Les profanes qui n'ont jamais mis les pieds au Westminster – au « West », crâne-t-on dans l'entre-soi touquettois – s'émerveillent en découvrant le plus british des palaces de la station. Un joyau de briques rouges et de pierres blanches long de 90 mètres construit en 1924, à l'âge d'or du Touquet-Paris-Plage, quand les Anglais claquaient leur fortune dans les deux casinos, celui de la mer et celui de la forêt. Quand ils débarquaient en alignant leurs trois Roll's Royce : une pour la famille, une pour les domestiques, une pour les malles ! L'hôtel est un écrin pour les VIP qui s'affichent en photo noir et blanc dans le long couloir, à la manière des étoiles hollywoodiennes du *Walk of Fame* : Édith Piaf, venue au Touquet apprendre à nager ; l'Aga Khan, le milliardaire en haut-de-forme et redingote sortant de l'hippodrome ; Roger Vadim, exhibant sa dernière conquête lors d'une « voluptueuse escale ». C'est au Westminster que Sean Connery aurait signé le premier contrat de James Bond, et Ian Fleming, le père de l'agent 007, était un habitué.

C'est sûr qu'il en jette, le West. Débarquée spécialement de ses Pyrénées pour le mariage de son petit-fils chéri, « Manette » se délecte. Cheveux courts gris frisés, veste élégante à liseré blanc, la grand-mère adorée d'Emmanuel foule le tapis rouge, pénètre dans le hall aux boiseries majestueuses, s'attarde devant les sublimes cages d'ascenseur à la ferronnerie Art déco. On se croirait dans un club british des Années folles. Sybile Veil, copine de la promo Senghor de l'Ena, papote devant les hautes fenêtres en enfilade avec son époux Sébastien, le petit-fils de Simone Veil. Les copains de cabine de plage de Brigitte, Juliette et Olivier Bernard, cherchent du regard Grégoire et Laurence, leurs amis Campion. Gaspard Gantzer se retrouve nez à nez avec l'ancien Premier ministre Michel Rocard. Le jeune énarque, qui vient de soutenir la candidature de Ségolène Royal à la présidentielle, en reste bouche bée. « Je ne m'attendais absolument pas à ce que Rocard soit là, raconte l'ancien conseiller en communication du président François Hollande. Tout était surprenant dans ce mariage. » L'âge des époux – 54 ans pour elle, 29 ans pour lui –, ce mélange de jeunes et de vieux ; d'intellos et de boutiquiers ; de Parisiens et de Picards. La fête ne s'est pas éternisée et les couples n'ont pas enflammé la piste de danse jusqu'au bout de la nuit, regagnant sagement leur hôtel.

L'apéritif est servi dans le salon de lecture. Et ce cocktail est une révélation. L'officialisation du monde secret du futur président, le dévoilement d'une part inédite de sa personnalité qu'il n'avait montrée jusque-là qu'aux très intimes. « Emmanuel a toujours pris soin de cloisonner ses différentes vies », poursuit l'ami Gantzer. Gaspard reconnaît les filles de Brigitte, nées de son premier mariage, qu'il va embrasser : la benjamine Tiphaine, 23 ans, Laurence, 30 ans, devenue médecin et qui était au lycée de La Providence avec

Emmanuel, accompagnées de leur frère Sébastien, 32 ans. Impossible d'échapper à la prédominance, à la puissance, à la volubilité du clan Trogneux. Ils sont tous venus, les frères, les belles-sœurs, les cousins, les oncles… Seuls manquent à l'appel, Jean et Simone, les parents de Brigitte, disparus respectivement en 1994 et 1998.

En revanche, du côté des Macron, c'est le désert. Gaspard Gantzer ne se souvient même pas d'avoir croisé les parents du marié. Et il n'est pas le seul. La mère d'Emmanuel, Françoise, médecin-conseil à la Sécurité sociale, et son père, Jean-Michel, professeur de neurologie au CHU d'Amiens, ont paru si discrets qu'ils sont passés inaperçus aux yeux de la plupart des convives. Gaspard Gantzer s'étonne : « Je ne suis même pas sûr que le frère d'Emmanuel ait été là. »

Le champagne coule à flots, les flûtes s'entrechoquent. « Brigitte, où est Brigitte ? » cherche Emmanuel dans le brouhaha. L'assemblée est invitée à rejoindre le salon Shetland où ont été dressées les tables pour le dîner. Chacun s'enquiert de sa place. Et chaque tribu se recompose. Les énarques avec les énarques. Les Touquettois avec les Touquettois et en *guest star*, le chauffeur personnel de Michel Rocard à qui ses voisins de table essaient d'extirper de croustillants potins politiques. Les témoins, les intimes et ceux qui comptent s'installent à la table d'honneur. Autour des mariés, Pascale Bourdrel, l'amie d'enfance de Brigitte, golfeuse émérite d'Amiens ; Sylvie et Michel Rocard ; le couple Ferracci ; le millionnaire de gauche Henry Hermand et madame… Les jeunes trouvent qu'il y a beaucoup de vieux. Les vieux trouvent qu'il y a beaucoup de jeunes. On trinque, on déguste, on débat. Entre un verre de bourgogne et de saint-émilion, on joue les polémistes de salon entre convives : « Pour ou contre la corrida ? » « Quelle issue au conflit israélo-palestinien ? » Dans le cénacle des énarques, on reprend la discussion entamée la veille. On se marre. On devise sur l'état du pays, on sait qu'on en sera les futurs leaders en intégrant les cabinets ministériels, les banques ou les entreprises du Cac 40… Une belle brochette digne d'un dîner du Siècle : Jean-Baptiste Nicolas, futur directeur financier chez Suez ; Aurélien Le Chevalier, futur diplomate ; Aymeric Ducrocq, futur responsable des fusions et acquisitions chez EDF ; Mathias Vicherat, futur secrétaire général du groupe Danone ; Sébastien Jallet, futur préfet délégué pour l'égalité des chances, etc. Une reconstitution de ligue dissoute. Les attablés font partie de la « bande des académiciens », ces potes de la promo Senghor qui s'encanaillent au début des années 2000 à l'Académie de la Bière, un bar de Strasbourg, regardant sur écran géant les matchs de foot et vocalisant au karaoké du Bunny's. Avec sa culture wikipédiatique de la chanson française, Emmanuel en est le seigneur. Huit ans plus tard, en 2015, le petit groupe se retrouvera à Bercy, à la nuit tombée, pour dîner avec Manu, promu ministre de l'Économie et Brigitte qui, en parfaite maîtresse de maison, les embrassera chaleureusement. Les invités prennent conscience que la dernière fois qu'ils étaient tous ensemble, c'était pour le mariage, et les souvenirs remontent.

La marche nuptiale de Mendelssohn retentit au moment où les feux de Bengale embrasent la pièce montée. Lumières éteintes, les bougies reflètent les visages du « jeune » couple. Ému et sûr de lui, Emmanuel Macron se saisit du micro pour remercier les présents et se lancer dans l'un de ses premiers discours : « On est, en tout cas, tous les deux, très heureux que vous soyez là pour nous accompagner dans ce moment parce que chacune et chacun d'entre vous a été le témoin, au cours de ces treize dernières années, de ce que nous avons vécu et vous l'avez accepté. Et vous avez fait ce que nous sommes aujourd'hui. C'est-à-dire quelque chose de peut-être pas tout à fait commun, pas tout à fait normal, même si je n'aime pas beaucoup cet adjectif, mais un couple qui existe. Et ça, c'est grâce à vous. » Du grand art. Déjà Macron perçait sous Manu. Il reprend sobrement, du bout des lèvres, faussement timide : « Alors je voulais vous remercier pour nous avoir acceptés et nous avoir aimés comme nous étions. Plus particulièrement, je voulais remercier les enfants de Brigitte parce que, s'il y en a pour qui cela aurait pu ne pas être très simple, c'était pour eux. Et ça a eu, grâce à eux, la force d'une évidence. Voilà ! »

Il parle de Brigitte comme si elle était plus jeune que lui – comme il continue de le faire aujourd'hui –, comme si c'était une jeunette de 20 ans. Transpire déjà dans ses propos ce style bien à lui, sans filtre, sans concession. C'est comme ça et pas autrement. « Un moment très émouvant et très efficace ; très beau et très argumenté, décrypte un membre de la bande des académiciens. Je dirais que c'était presque un discours politique ! »

Les témoins lui ont préparé le terrain. Le copain Marco, drôle et cultivé comme à son habitude, a fait du Marco drôle et cultivé. Déridé l'assemblée en sortant sa blague sur la désinvolture capillaire du jeune Manu. Il s'attendait que l'ambiance soit électrique, que rejaillissent des tensions. Des regards en biais, des messes basses moralisatrices de la part des grincheux qui n'ont toujours pas digéré les vingt-cinq ans d'écart entre Bibi, et son cher et tendre. Rien de tout cela. Marc Ferracci trouve l'atmosphère détendue. Pas du tout ampoulée pour des notables d'Amiens. Manifestement les choses ont changé. Et son discours s'en ressent. Ferracci prononce les mots « sérénité », « apaisement » et « bonheur ». Et insiste lui aussi en tenant son micro : « Entre Brigitte et Emmanuel, c'est une évidence. »

Applaudissements dans l'assistance. Mais le clou de la soirée n'est pas ce discours, pas même celui du marié. C'est le speech d'un vieux monsieur en costume sombre. Le regard bleu perçant. Inconnu au bataillon des non-initiés, un octogénaire très classe, tiré à quatre épingles, prend la parole. D'une voix à peine chevrotante, l'homme aux cheveux blancs raconte comment il a pris sous son aile le petit Macron en acceptant de l'accompagner, de le conseiller, de le propulser sur le grand tremplin de la politique. L'amie touquettoise Juliette Bernard – elle a épousé Olivier, un copain de jeunesse de Brigitte –, future adjointe aux finances au Touquet (2008-2014), en est toute retournée. En entendant le très beau et élogieux discours de cet ancien résistant vantant les talents, les mérites et l'ambition d'Emmanuel, Juliette Bernard comprend ce soir-là que Le Touquet est un terrain de jeux beaucoup trop petit pour lui. Elle comprend que si Emmanuel se lance en politique, l'impétrant n'en fera certainement pas localement, à l'échelle du Touquet ou du Pas-de-Calais. « Cela n'était sûrement pas la mairie, dit-elle, ou la circonscription qui allaient lui suffire. » Murmures piqués de curiosité entre les tables : « Mais qui est ce vieux monsieur ? » s'interrogent bon nombre de convives. « Le meilleur ami d'Emmanuel », répondent les initiés.

Il a 83 ans. Il s'appelle Henry Hermand. C'est l'autre témoin du marié. Le maître de la noce en coulisse. L'homme d'affaires, qui a fait fortune dans les centres commerciaux, a organisé comme un père les épousailles de son fils spirituel. Épris de politique, ce mécène de la « deuxième gauche » sociale libérale, voit dans ce bébé énarque la relève d'un Rocard dont il est proche. Le millionnaire, ami de Claude Perdriel, a financé *Le Matin de Paris* dans les années quatre-vingt. Il a mis à la disposition de Michel Rocard l'un de ses immeubles sur les Champs-Élysées, pour y héberger son bureau. Hermand a présenté à son jeune protégé l'ancien Premier ministre, l'éléphant socialiste, son compagnon de route depuis cinquante ans. Tout juste sorti de l'Ena, Emmanuel a besoin d'être coaché, conseillé, cornaqué. « Je m'occuperai de vous », promet Hermand qui lui ouvre son chéquier et son prestigieux carnet d'adresses. Dès 2004, des dîners conviviaux sont organisés entre les Rocard et les Macron au 91, boulevard du Port-Royal dans le petit deux-pièces parisien de Manu. Le canapé colle à la table de la salle à manger comme dans un meublé étudiant. Brigitte joue l'hôte parfaite qui veille à tout. Ce n'est pas tous les jours que l'on reçoit chez soi un ancien Premier ministre !

On parle politique bien sûr. Michel Rocard essaie d'inoculer sa culture du socialisme à la jeune pousse politique.

Entre Henry et Emmanuel, le coup de foudre amical remonte à deux ans, en 2002, lors d'une cérémonie à la préfecture de Senlis où est invité le pionnier de l'urbanisme commercial. Le sémillant énarque y effectue un stage. Il n'a pas 25 ans. Les Hermand habitent une belle demeure dans cette ville cossue de l'Oise. Emmanuel, toujours plus à l'aise avec les aînés, toujours en quête d'une figure paternelle, trouve son mentor. Henry, qui entretient des relations conflictuelles avec ses héritiers ; le dauphin qu'il n'a pas eu. Il apprécie la vivacité du logiciel Macron, loue son aisance instinctive qui vous donne l'impression d'être son meilleur ami. Et lui prédit un destin exceptionnel. « Vous allez marier le prochain président de la République ! » affirme solennellement l'homme d'affaires à « Monsieur Paris », le directeur adjoint du Westminster chargé d'orchestrer le mariage d'Emmanuel.

Plus tard, bien plus tard, Henry Hermand sera le tout premier à exhorter son protégé à se lancer dans la course à l'Élysée. Dès le début de l'année 2015, à peine Emmanuel installé à Bercy. Il s'éteindra avant de l'avoir vu atteindre le Graal, le 6 novembre 2016, dix jours avant qu'Emmanuel Macron n'officialise sa candidature à la magistrature suprême.

Mais, pour la noce déjà, en privé papy Hermand veille à tout. Met la main au portefeuille. Et la cérémonie se tient chez lui, au West, là où le fringant octogénaire s'installe chaque été, en villégiature avec madame durant cinq ou six semaines. Tellement chez lui que la direction de l'établissement huppé n'a pas osé lui demander de verser le moindre centime d'arrhes. « Pas avec monsieur Hermand », confirme respectueusement Jean-Luc Paris, qui fut le numéro deux de l'hôtel pendant vingt-cinq ans. « Emmanuel ne s'est pas préoccupé des détails de la soirée, confie-t-il. Entre Henry, Brigitte, le chef de cuisine William Elliott et moi, il y a eu une véritable osmose. Brigitte a donné son avis, monsieur Hermand aussi. Ce fut l'un des mariages le plus simple à réaliser. »

Tout doit être parfait. Millimétré, pour faire la nique aux derniers sceptiques, et sacraliser l'amour entêté et atypique unissant Bibi à son Manu chéri. « Souhaitez-vous arriver en calèche ou en Rolls ? » « Préférez-vous des lys ou des roses ? » « Saumon ou coquilles Saint-Jacques ? » Quelques mois avant le jour J, Brigitte rejoint régulièrement Henry au Touquet pour passer le grand oral mené par Jean-Luc Paris qui joue les *wedding planers*. La future Mme Macron sait ce qu'elle veut : « Quelque chose de simple ! Un menu classique. » Et ce qu'elle ne veut pas. Un festin *show-off*. L'un de ces grands raouts pour fils et filles de bonne famille, d'avocats, d'industriels prêts à délocaliser 350 convives sur le green du golf touquettois. Chaque mets proposé par William Elliott, le chef étoilé du Westminster, est goûté. Boudé ou adoubé par Brigitte et Henry. « Je préfère celui-ci », dit la première. « Moi, celui-là », ajoute le second. Pour le vin, « rien que des magnums », c'est plus classe. Jean-Luc Paris est à son aise. Rien ne se concrétise sans son imprimatur. Brigitte apprécie ce sympathique moustachu, surnommé avec diligence et affection « Ch'père » par le personnel. Il est né dans un château. Pas comme châtelain. Son père était chauffeur de maître. Brigitte lui fait confiance. Ch'père a bichonné les plus grands, discuté pinard avec le gargantuesque Gégé Depardieu, servi trois semaines avant sa mort le jazzman américain Miles Davis, orchestré dans les salons du palace le sommet franco-britannique du 4 février 2003, entre le président Jacques Chirac et le Premier ministre britannique Tony Blair... Le directeur adjoint prône la discrétion. Il interdit la chasse à l'autographe à ses équipes. Les stars viennent se reposer incognito, laissons-les tranquilles : « Si elles veulent se faire voir, elles vont à Cannes ! » Monsieur Polanski ne veut pas être dérangé ? Monsieur Dutronc exige que l'on sollicite une audience pour lui parler ? Dont acte. Ch'père choie ses VIP. Il voue à son métier une passion qui le tient éloigné de chez lui. « Tu as une maîtresse, rouspète son épouse. Elle s'appelle le West ! »

Brigitte s'en remet à son professionnalisme. Elle suit ses consignes, respecte ses prescriptions : « Évitez les tables surdimensionnées où la conversation se perd dans le brouhaha. Limitez les tables rondes à 8, 9 ou 10 invités, la table d'honneur à 14 – jamais 13 – 15-16 maximum. » Il la prévient : « Vous verrez, le plus difficile, ce sera le plan de table. La première table ça va vite, la troisième ça va, la septième, ça coince un peu... » Ça coince même beaucoup quand il faut mélanger des vendeurs de macarons (les Trogneux) avec des médecins (les Macron). Malaxer des énarques avec les copains des cabines de plage. Assortir des provinciaux avec des Parisiens. Placer un ancien Premier ministre. Une logistique aussi protocolaire que celle d'un *royal wedding* !

Trop occupé à Paris, Emmanuel laisse carte blanche à son mentor et à sa future femme. Son agenda est surbooké. Il n'a pas le temps de choisir le nappage – blanc ou crème – de la pièce montée. Ni les fleurs des tables qui seront changées pour l'entrée, le plat ou le dessert. Des frivolités comparées à la mission qui lui a été confiée. La République l'appelle ! Quelques mois avant la noce, en mai 2007, le jeune énarque a été recruté pour redresser le pays par Jacques Attali, l'éminence grise qui chuchote à l'oreille des présidents et qu'Emmanuel surnomme en douce « Jacques a dit ». L'effronté n'a que 29 ans. Promo fulgurante ! Le voici rapporteur adjoint de la commission chargée par Nicolas Sarkozy de « libérer » la croissance. L'ambitieux haut fonctionnaire à l'Inspection des finances participe aux réunions plénières au Palais du Luxembourg. Le top du top. En commission, il auditionne le boss de la Banque centrale européenne Jean-Claude Trichet, qui fait la pluie et le beau temps sur l'économie européenne ; le patron de l'OMC Pascal Lamy, qui tient les rênes du commerce international… Seule entorse consentie à son emploi du temps chargé : le déjeuner avec sa promise et le député-maire Léonce Deprez chargé de les unir. L'édile, grand sportif, ancien footballeur, a bien connu Jean Trogneux, le père de Brigitte, avec lequel il disputait en double d'innombrables parties de tennis. Pour peaufiner les préparatifs du mariage civil, l'élu a besoin d'en savoir un peu plus sur la cadette de Jean, Brigitte, et sur son compagnon. « J'ai bien connu votre ancien patron ! » casera Léonce dans son discours à l'hôtel de ville, en référence à l'ancien ministre de l'Économie Thierry Breton. Si Macron se rend volontiers à ce déjeuner qui se tient à l'Assemblée nationale, il n'a en revanche guère le loisir de se taper l'aller-retour Paris-Le Touquet pour choisir entre un saint-émilion ou un châteauneuf-du-pape. Trop futile ! Qui mieux qu'Henry, réputé pour ses fines papilles, pour arbitrer entre deux millésimes ? « Ce sera bourgogne blanc et bordeaux », tranche le millionnaire perfectionniste.

Brigitte se prête à l'exercice. Mais, en vérité, la future Mme Macron ne rêve pas de repasser devant monsieur le maire Léonce Deprez. Encore Léonce Deprez ! L'élu l'a déjà mariée une première fois. Le 22 juin 1974, avec le jeune André-Louis Auzière que l'on appelle André tout court, futur banquier au tempérament pâlichon, dont elle a divorcé en 2006. Brigitte a passé l'âge de croire aux contes de fées et les robes blanches à frous-frous ne la font plus fantasmer. Les débuts de son histoire avec Emmanuel ont été chaotiques. Leurs familles respectives ont mis longtemps avant de se résigner à cette idylle qui chambarde les conventions. Brigitte a connu les repas familiaux où elle était conviée sans Emmanuel. Les étés sur la plage où l'on faisait cabine à part entre les Trogneux en signe de désapprobation. Une bonne dizaine d'années compliquées, à multiplier les allers-retours entre Amiens, où Brigitte continue d'enseigner les lettres classiques, et Paris, où s'active Emmanuel. « Il a fallu beaucoup de courage à Brigitte pour continuer avec Emmanuel, pour affronter sa famille », confie l'amie d'enfance et témoin Pascale Bourdrel[1].

Aux copines de sa génération, Brigitte confie : « Emmanuel veut qu'on se marie ! » tout en partageant ses réticences devant cette toquade. Cet écart incompressible de vingt-cinq années la fait tergiverser. Passer la bague au doigt ? « À mon âge ! » hésite-t-elle. « À son âge ! » résiste-t-elle. Et si Emmanuel change d'avis ? S'il veut un jour des enfants ? S'il le regrette et trop tard ? L'amie touquettoise Juliette Bernard s'est fait la même réflexion dans le salon d'honneur du Touquet le jour du mariage : « J'étais très émue quand j'ai réalisé qu'Emmanuel n'aurait pas d'enfant. Je me souviens m'être dit : "C'est terrible, Emmanuel se marie, mais il n'aura pas d'enfant..." »

Mais plus Brigitte temporise, plus Emmanuel revient à la charge. Il insiste, encore et encore : « On va faire taire les gens. » Ce n'est pas seulement Brigitte qu'il épouse, mais aussi sa famille. Ses trois enfants dont il se sent proche. « J'ai la chance d'avoir un papa et un beau-père, nous confirme la benjamine Tiphaine. Le mariage entre ma mère et Emmanuel avait du sens, c'était l'aboutissement de tout ce qu'ils avaient vécu. » Le pas encore président veut sceller l'histoire de son couple dans le socle républicain. Il n'attend qu'une chose dans ce mariage, essentielle à ses yeux : la « consécration officielle d'un amour d'abord clandestin, souvent caché, incompris de beaucoup avant de s'imposer à eux »,

1. In *Brigitte Macron, un roman français*, documentaire diffusé le 13 juin 2018 sur France 3 qui retrace le destin obstiné de la Première dame.

explique-t-il dans son essai *Révolution*, publié en 2016 et rédigé dans son bureau rempli de bouquins à la Monéjan.

Brigitte a fini par dire oui. Mais voilà qu'elle s'interroge spontanément sur la pertinence d'une fiesta au Westminster. Le palace où elle a célébré son premier mariage ! Là où elle a valsé au bras de son premier époux André, rencontré au Touquet par l'intermédiaire de sa bande de copains. Elle avait 21 ans. Une trentaine d'années plus tard, la professeure de français valsera dans les pas d'Emmanuel sur *Le Beau Danube bleu* de Johann Strauss fils. Elle entend déjà siffler les vipères : « Le West, quel toupet ! » Cette récidive nuptiale enflamme l'imagination des biographes de la Première dame qui rêvent de percer sa psyché. S'agit-il d'une conjuration ? D'une transgression ? D'une « répétition compulsive », comme diraient les freudiens ? Comme si, pour tourner la page d'un premier échec conjugal, Brigitte voulait faire un pied de nez au passé. Retourner sur les lieux du crime pour exorciser le trauma. La vérité semble moins romanesque. Et moins tordue.

En réalité, nul ne résiste aux desiderata d'Henry Hermand. Pas même Brigitte, au caractère pourtant bien trempé. C'est lui qui souffle le lieu de la réception. Les Trogneux ne sont pas des habitués du Westminster. En discutant avec Emmanuel, qui vient de temps à autre prendre un verre au bar, Henry se dit : « Cela se passera au West. » Et ce qu'Henry suggère, Henry l'obtient. Il faut préciser que le quasi-nonagénaire en impose. Mais toujours après discussion avec Brigitte, et jamais sans son aval. Le meilleur ami d'Emmanuel a ses habitudes. Il y vient chaque été avec son chauffeur. Madame arrive quelques jours avant comme on ouvre sa maison de vacances. Le couple dispose de deux chambres communicantes, toujours les mêmes. Monsieur Hermand, le personnel le connaît par cœur et apprécie ce « grand homme ». Le millionnaire n'emprunte jamais les ascenseurs, il fait de l'exercice. Prend toujours l'escalier. Chaque midi, madame et monsieur déjeunent à la même table. De mémoire de majordome, ce fidèle client n'a jamais fait de caprices, mais convoqué à deux reprises la direction pour exprimer son mécontentement. Pointant un pli récalcitrant sur l'une de ses innombrables chemises en lin : « Monsieur Paris, la porteriez-vous ? » Désignant une pêche gâtée dans la corbeille de fruits ayant échappé à la vigilance de la gouvernante : « Monsieur Paris, la mangeriez-vous ? »

Les jours de tempête, cet excellent nageur brave les rouleaux furibards, se fichant du drapeau rouge. Qui se risquerait à le contrarier ? De peur qu'il n'annule son traditionnel séjour, nul n'a osé le prévenir qu'à l'été 2001 le Westminster doit servir de décor au film de Michel Blanc, *Embrassez qui vous voudrez*, avec un casting rêvé – Jacques Dutronc, Karin Viard, Charlotte Rampling, Carole Bouquet. Effectivement, le jour de son arrivée, Hermand, visiblement irrité, convoque José, le concierge du palace touquettois au courant de tout et aux petits soins pour chacun : c'est quoi ce bazar ? Un film. Qui figure au générique ? « Ah… Carole est là ? se radoucit-il aussitôt. Passez-moi sa chambre. » Au garde à vous, José résiste : « J'ai reçu des ordres, je ne peux pas déranger Mlle Bouquet. » Hermand insiste : « Passez-la-moi. » La direction finit par céder. Deux minutes plus tard, au bout du fil, Henry, triomphant et aux anges : « Carole, c'est moi, tu reconnais ma voix ? »

Comment résister à l'homme qui tutoie cette sublime icône du cinéma français, et qui fréquente les grands patrons ? Henry et Béatrice Hermand possèdent une médina à Tanger achetée à une milliardaire américaine et où les Macron ont déjà été invités. La propriété entièrement restaurée où séjourna Gary Cooper et d'autres étoiles hollywoodiennes aurait été parfaite pour leur mariage. Mais si Henry a préféré le Westminster, il n'y a pas à tortiller. Ce choix un brin provocateur n'est d'ailleurs pas pour déplaire à Macron qui n'aime rien tant que bousculer les codes. Casser les totems. Sa future épouse s'est déjà mariée au Westminster ? Et alors ? Tant pis si cela fait jaser. Et tant mieux. Son poète vénéré René Char n'a-t-il pas joliment écrit que vivre, c'est « s'obstiner à achever un souvenir ». Ou bien encore que « ce qui vient au monde pour ne rien troubler ne mérite ni égards ni patience ». Alors si Henry a dit le West, ce sera le West !

CHAPITRE II

Bibi la fêtarde

Brigitte Macron est attendue à déjeuner. Son invité n'est autre que Nicolas Revel, l'ancien secrétaire général adjoint de l'Élysée. L'alter ego d'Emmanuel Macron quand celui-ci officiait au Château sous la présidence de François Hollande. Ce 7 janvier 2020, la Première dame n'hésite pas à faire poireauter son invité dans « l'aile Madame » de l'Élysée. « Vous écrivez un livre sur Le Touquet ? » s'enquiert-elle en apparaissant dans le bureau où nous reçoit son directeur de cabinet, Pierre-Olivier Costa, surnommé « Poc », accompagné de son chef de cabinet, Tristan Bromet. « J'aurais plein d'anciennes photos à vous montrer ! » s'enthousiasme Brigitte Macron, carré blond impeccable, élégante dans son tailleur beige. Évoquer sa jeunesse touquettoise la rend intarissable. Le regard s'allume, le récit s'emballe et les souvenirs affluent : « Nous avions deux cabines de plage, dans l'une nous rangions le char à voile, je me mettais toujours à la même place, au milieu. »

En ce début d'année 2020, le pays est paralysé. Pas un train ni un métro ne circulent. Tout le monde ne parle que des retraites, matin, midi et soir. La réforme cristallise la grogne contre le gouvernement. L'heure est à la fronde sociale, à la rébellion. En Europe aussi, rien ne va plus. Le Brexit s'invite à l'ordre du jour de l'agenda présidentiel : Emmanuel Macron reçoit en tête à tête Andrej Plenković, le Premier ministre croate qui assure la présidence tournante de l'Union européenne. Dans cette atmosphère délétère, Brigitte n'a qu'une envie : s'échapper. Parler de là-bas. De chez elle. Se réfugier dans son Touquet chéri. « Le Touquet me manque, confie-t-elle. J'ai un lien physique avec cet endroit. Les couleurs du Touquet, ce sont mes couleurs, ce dégradé de gris, de beige, ça veut dire quelque chose de ce que je suis. »

Une Première dame en clair-obscur propulsée de l'ombre à la lumière. Une ex-prof de lettres passionnée qui enseignait l'art de la scène à ses élèves tout en préférant rester à l'écart, en coulisse. Un rayon de soleil que voile parfois un soupçon de mélancolie. Une fille du Touquet. La petite dernière d'une de ces grandes familles d'Amiens – médecins, notaires, industriels – qui se sont offert une villa cossue dans cette perle de la Côte d'Opale. Vers 1958 ou 1959 – « Il faudrait que je retrouve l'acte de propriété », suggère Brigitte –, Simone et Jean achètent la maison de style anglo-normand du début du XXe siècle qu'ils baptisent « Monéjan », au cœur de la rue Saint-Jean, à deux pas du chic Westminster. Le couple de commerçants aime se ressourcer dans ce coin raffiné du Pas-de-Calais. Ils connaissent les environs, possèdent déjà une résidence secondaire à Berck, à une vingtaine de kilomètres. « Mes parents étaient deux sentimentaux, très attachés à Berck », raconte Brigitte qui garde intacte l'image de ces petits tuberculeux et poliomyélites, venant en fauteuil respirer l'air sain sur la digue de cette station thérapeutique qui compte de nombreux établissements hospitaliers de soins et de rééducation.

Ses souvenirs poignants ont-ils nourri son empathie envers les enfants cancéreux qu'elle visite en tant que Première dame à l'institut Gustave-Roussy de Villejuif ou à l'hôpital Necker à Paris ? L'ont-ils poussée à relancer, début 2020, l'opération Pièces jaunes, lancée par Bernadette Chirac ? « Pour l'enfant que j'étais, nous dit-elle, c'était une scène impressionnante. »

À la fin des années cinquante, les affaires de la confiserie-chocolaterie Trogneux sont florissantes. Les dragées et les macarons font la réputation de monsieur et madame dont le train de vie monte en gamme. Changement de standing. Simone et Jean rejoignent la station sélecte où quelques-unes de leurs connaissances d'Amiens se sont déjà acheté des cottages qui rivalisent de coquetterie avec leurs jardinets fleuris. À l'époque, Le Touquet émarge parmi une poignée de stations classées. Elle est pour le nord de la France ce que Cannes est à la Côte d'Azur, Biarritz au Pays basque, Deauville à la Normandie, et La Baule à la côte Atlantique : le point de ralliement d'une certaine élite, une vitrine qui fait envie aux autres. Il n'est pas un industriel qui ne rêve d'y bâtir sa villa. Bien plus chic que Berck, la plage des prolos ! Bien plus classe que Bray-Dunes, l'une des plus septentrionales de nos communes !

Comme on franchit les étapes du minigolf, la jeune Brigitte suit le parcours balisé des rejetons de la bonne société. Elle a 5 ans passés lors de son premier été à la Monéjan. Déjà trop âgée pour participer au « must » de la saison, elle loupe le premier rituel organisé par le comité des fêtes : le concours du plus beau bébé. Réservée aux estivants, la compétition se tient à la piscine marine ou, en cas de pluie, au grand hôtel Le Normandy. Les mamans coiffées d'un foulard à la Grace Kelly arborent leurs mouflets avec la fierté de la mère au foyer accomplie. Une Sophie potelée, barboteuse à volants gagne la coupe de la catégorie 15 mois à 2 ans. Un fier à bras, Lionel, cheveux courts et maillot à pois, est sacré champion des 2-3 ans. On exhibe sa progéniture comme s'il s'agissait de son caniche toiletté pour le concours canin ou des courbes de la DS 19 à papa exposée au week-end de l'élégance automobile du Touquet !

Brigitte passe directement à l'apprentissage suivant. Au programme : du sport, du sport et encore du sport. Golf, tennis, leçons de natation, centre de yachting, concours hippiques... L'inscription à l'une de ces multiples activités est la condition indépassable pour qui veut intégrer la caste des riches propriétaires. Le signe distinctif qui sépare les privilégiés des autres tribus touquettoises. Celle des locataires qui n'ont pas les moyens d'acheter. Des campeurs qui n'ont pas les moyens de louer. Car même s'il s'en cache et les cache, Le Touquet a ses vacanciers prolos relégués en périphérie et que les enfants de proprios, comme la petite Bibi, ne côtoient quasiment jamais.

Son premier rite initiatique, la benjamine des six enfants Trogneux l'accomplit à La Joie de vivre. Le club incontournable – à l'époque, on dit le « stade » – qui pavoise sur la plage, en vert et blanc, aux couleurs de la station. Sa maxime : un esprit sain dans un corps sain. « Air-Soleil-Lumière-Mouvement-Bonne humeur », vante la publicité dans *Les Échos du Touquet*. Son père filme sa fille adorée en super-8 sur la plage. Le matin, Brigitte fait de la gym, l'après-midi, des compétitions. Quinze jours au club, c'est le minimum. Dès 9 heures le matin, c'est le règlement. La mixité filles-garçons est une révolution à l'époque où l'école ne mélange pas les genres. L'organisation, quasi militaire. Brigitte et ses camarades démarrent la journée par un réveil musculaire : docilement alignés du plus petit au plus grand, les enfants accomplissent des mouvements. Sautent sur un cheval d'arçons. Enchaînent les agrès, les portiques. Un esprit d'équipe propice à d'indéfectibles amitiés. « C'était comme une famille. Il y avait Brigitte qui a deux ans de plus que moi ; le petit Michel Sardou dont le père, Fernand, tournait le film *Pas si folles les guêpes !* et le jeune Patrick Balkany dont la mère jouait au casino », raconte en rigolant Jean-Luc Van-Godsthenhoven, surnommé « L'Indien », comme s'il était le dernier indigène d'une réserve en voie de disparition. Trogneux-Sardou-Balkany, le monde touquettois est tout petit et diablement bien fait. Ce n'est pas le petit Durand qui se bagarre avec le petit Dupond au jardin public. La fille du plombier qui joue à la poupée avec celle du concierge. L'Indien est l'héritier d'une de ses branches renommées autant qu'iconoclastes.

Touquettois pur jus, grande gueule au courant de tout, il est le rejeton d'une dynastie de plagistes : il a repris « VIC », l'affaire de son grand-père Victor, fondée en 1928, léguée à son père Fernand, affaire devenue une institution au Touquet grâce à la location, au gotha balnéaire, de matériel de plage (cabines, tentes, maillots de bain, transats...).

À La Joie de vivre, Brigitte s'aguerrit. Elle connaît le club à son apogée, l'époque des fondateurs : les Olombel. Deux personnalités : Marguerite seconde son époux Paul, kinésithérapeute et professeur d'éducation physique. Caddy Sports, Hippocampe, Les Oiseaux de mer..., les clubs d'enfants ne manquent pas sur le front de mer. Mais aucun ne possède l'aura de La Joie de vivre. Son nom s'inspire d'une bande de jeunes volleyeurs et tennismen qui, pendant l'occupation allemande, ont continué à organiser des compétitions. Un pied de nez aux nazis. Ces gais lurons se faisaient appeler la bande de La Joie de vivre.

Le clou des clubs de plage, le Graal que la petite Trogneux ne veut surtout pas louper, c'est « la fête des fleurs enfantines et son charmant cortège », à la fin du mois d'août. L'événement mondain fait la une des *Échos du Touquet*, couvert par ses reporters qui photographient avec leurs Rolleiflex les chars conçus par le dessinateur local Eugène Holuigue, alias GEG. Pas question pour Brigitte de rentrer à Amiens sans avoir défilé. Et quel défilé ! Les filles se déguisent en Indiennes, en princesses, en paysannes... Les garçons se griment en cosmonautes, esquimaux, pilotes de course. Les costumes sur mesure ont été conçus et cousus un mois à l'avance par des couturières. Les gamins grimpent sur le dos d'un éléphant des Indes, d'un chameau du désert, sur une montgolfière inspirée du *Tour du monde en quatre-vingts jours* de Jules Verne. Dans la fusée copie conforme de celle de Tintin dans *Objectif Lune*… Le spectacle est grandiose. « Je tirais l'engin, pendant que le petit Balkany trônait comme un seigneur sur son char », s'amuse encore L'Indien.

La Joie de vivre, ce paradis pour bon nombre d'enfants, n'a pas été celui de Brigitte. « Ce n'était pas trop mon truc… », nous lâche-t-elle dans le bureau de l'aile élyséenne qui lui est dédiée. Une confidence qui en dit long. « Tout ce qui se fait en groupe, les heures fixes, ça n'était pas trop mon truc », poursuit-elle. Les moniteurs de natation munis d'un bambou de trois mètres qui vous relèvent le menton ou corrigent un mouvement dans le bassin, très peu pour elle !

Ces mauvais souvenirs remontent de temps à autre à la surface. Comme ce 31 août 2019, où en se promenant sur le front de mer, la Première dame s'est surprise à descendre les marches conduisant à La Joie de vivre. Jusqu'à croiser son actuel directeur. « Il me semble que vous veniez ici petite ? » l'interpelle Denis Calouin, alors premier adjoint à la mairie. Brigitte Macron acquiesce : « J'y étais du temps de M. Olombel. » Pas un mot de plus. Pas d'effusion. Pas de nostalgie.

C'est qu'à l'époque, sur la plage, s'affirme déjà son caractère de fille rebelle à papa. De gosse de riches affranchie, qui a le luxe de passer ses vacances au Touquet tout en faisant les quatre cents coups. La jeune Bibi a l'assurance de ces héritières qui ne baissent jamais les yeux. Qui ne prennent pas tout ce qu'on leur dit pour du pain bénit.

Un esprit critique en germe. « Il y a deux catégories, ceux qui adorent les clubs d'enfants et ceux qui n'aiment pas », résume-t-elle. Et il n'est pas compliqué de deviner à laquelle elle appartenait : « Je faisais partie de la seconde. » Ses petits-enfants – elle en a huit – y vont pourtant à leur tour, conformément au déterminisme bourdieusien qui prospère dans le microclimat touquettois. « Les petits », ainsi qu'elle les surnomme avec affection, appellent ces clubs, les « case-mioches ». « J'y allais, insiste Brigitte, parce que ça arrangeait bien mes parents. »

Au train-train rigoureux de La Joie de vivre, Brigitte et ses camarades préfèrent un terrain de jeux interdits : les ruines du Royal Picardy, un palace érigé en 1929, défiant le front de mer, abandonné puis détruit à la fin des années soixante. Un délire architectural imaginé par le duo mégalo Debrouwer-Drobercq, à qui l'on doit aussi, en 1931, le flamboyant hôtel de ville. Le Royal, ce fleuron de la démesure des Années folles, où dînaient une clientèle m'as-tu-vu, des acteurs, des nouveaux riches, n'a pas résisté à la crise économique des années trente. Laissé en plan, très endommagé par les bombardements de la Seconde Guerre mondiale, il sera détruit puis, sur son emplacement, un lycée hôtelier lui succédera. En attendant le début du chantier qui ne débute jamais, Bibi et les minots s'en emparent. Jouent à cache-cache dans le hall d'entrée haut comme une cathédrale ; aux gendarmes et aux voleurs entre les cinq cents chambres, les salons, les boudoirs, les salles de bains dotées de baignoires grandes comme des piscines, les spa en faïence. « Imaginez les parties de cache-cache ! savoure L'Indien. La gardienne nous laissait la voie libre. À nous l'aventure. Le Royal, c'était notre territoire. Il y avait un côté jouissif pour les gamins que nous étions. »

Ce flirt avec la transgression enchante Brigitte, pas toujours très sage, en quête permanente de liberté. C'est à l'adolescence qu'elle éclôt. Fini l'éveil musculaire à 9 heures, les compét' de saute-mouton à 11 heures. Dès 14-15 ans, Brigitte se lâche. Elle troque son uniforme bleu marine de collégienne de l'austère Sacré-Cœur d'Amiens, jupe plissée, pull et collant, pour le *dress code* décontracté, mini-short et mini-jupe. Elle peut un temps oublier sa scolarité corsetée par la routine catholique : les « je vous salue Marie pleine de grâce » ; les « notre père qui êtes aux cieux » ; les séances de confession ; les leçons de maintien ; les colles pour impertinence... À Amiens, Brigitte s'étiole. C'est au Touquet qu'elle s'épanouit. Façon de compenser l'insouciance déjà évanouie. Car elle n'est pas seulement cette adolescente choyée qui semble vivre dans une bulle. Elle a aussi connu son lot de tragédies. À l'âge de 6 ans, Brigitte affronte son premier deuil, la mort tragique de sa sœur aînée, enceinte, tuée dans un accident de voiture avec son mari. Puis un second quelques mois plus tard : sa petite nièce succombe des suites d'une appendicite aiguë.

Les week-ends et les vacances au Touquet sont l'occasion pour la jeune fille de renouer avec une liberté rarissime pour son milieu à l'époque. Ses parents passent tout à leur petite dernière qu'ils ont eu sur le tard. Jean avait 44 ans, Simone presque 40. Après la naissance de ses trois sœurs et de ses deux frères, l'arrivée de Bibi est une bénédiction. Anne-Marie fête sa majorité (21 ans) quand naît Brigitte. Maryvonne obtient son brevet l'année du baptême de Brigitte. De vingt ans son aîné, son frère Jean-Claude a l'âge du père de l'une de ses meilleures amies ! De tels imbroglios intergénérationnels expliquent que, pour Brigitte, le critère de l'âge n'a aucun sens. Essentiel point commun avec Emmanuel Macron, dont le meilleur ami et témoin de mariage Henry Hermand alignait fièrement plus de 80 balais à ses noces !

Chez les Trogneux, comme souvent dans les familles nombreuses, les plus grands essuient les plâtres. Se plient aux restrictions parentales. Au couvre-feu avant minuit. Rien de tel pour la benjamine, l'enfant choyée qui sort, se dévergonde, danse et flirte le week-end dans des boums, épousant la mode des sixties. « Ma jeunesse au Touquet m'a inculqué une joie de vivre. Une insouciance, nous raconte la Première dame. Nous n'avions pas les réseaux sociaux, pas la drogue. L'alcool, oui, un peu. On partait sur les routes à deux la nuit sur les mob'. Nos parents craignaient les accidents... et il y a en a eu des accidents ! » Mais pour la féliciter d'avoir décroché son brevet, ses parents ne peuvent s'empêcher de lui offrir une mobylette Piaggio. Sur le front de mer comme dans les petites rues perpendiculaires de la station balnéaire, l'adolescente enfourche sa mob' ou son vélo pour aller là où elle veut, quand elle le veut. Principalement au club de tennis présidé par papa, excellent joueur. Jean Trogneux, notable apprécié, pilier du Rotary-Club d'Amiens et dirigeant de la Ligue de tennis de Picardie, fond littéralement pour sa petite dernière. Sur les courts, les habitués aperçoivent souvent la fille et le père arriver main dans la main. « On les voyait très proches, témoigne Patrick

Doussot, l'avocat à la retraite qui fut conseiller municipal, ami du père Trogneux, et son bras droit au tennis club. C'était un homme dévoué, altruiste. Il adorait ses enfants, Brigitte, surtout, pour qui il avait une affection particulière. Je l'ai vu en parler les larmes aux yeux. » Au club, Brigitte tape gentiment la balle. Bien moins assidue que ses sœurs, dont l'une est même classée. « Sa mère, c'était une sainte femme. Particulièrement douce », souligne Patrick Doussot.

Ce n'est pas pour aligner les aces que la jeune Trogneux foule la terre battue. Elle préfère papoter avec les copines, profiter de la piscine chauffée, repérer les beaux gosses et planifier les soirées : « C'est là que nous déterminions l'endroit où nous allions danser », dit-elle. Le plus souvent, c'est elle qui prend l'initiative des retrouvailles entre copains : « On fait quoi ce soir ? »

Dinner Show au tennis ? Immanquable ! La bande de Brigitte raffole de ces joyeuses soirées à thème organisées par Jacques Iemetti, le directeur du club. On chante du Bardot en play-back : « Je ne reconnais plus personne en Harley Davidson ! » susurre la copine Catherine enfourchant une moto. On enfile des pantalons pattes d'ef en hurlant « Let the sun shine in », le tube de *Hair*, la comédie musicale hippie emblématique de la contre-culture américaine et de la libération sexuelle de la fin des années soixante.

Quand ce n'est pas bamboula au tennis ou bringue au Centre nautique de la Canche, très prisé par la *first class* du Touquet, Brigitte et sa clique se replient sur les boîtes de nuit. La jeunesse dorée se retrouve rue Saint-Louis au Bip-Bip : 5 francs l'entrée et un coup de tampon sur la main, ouvert de 14 heures à 2 heures du matin. Cette discothèque-là, les parents l'autorisent. Pas de danger en vue. L'Ascot Bar, ça passe encore. Mais pour s'encanailler au Chatham, ce night-club à l'enseigne rouge de la rue Saint-Jean, il faut faire le mur ou baratiner ses vieux. La boîte de Flavio se trimballe une réputation sulfureuse : le patron paie des canons aux filles pour qu'elles se trémoussent sur les tables devant les clients et mettent l'ambiance. Trop olé olé pour les tradis du Nord !

Le garage des Trogneux sert aussi de point de ralliement. La coutume veut que les boums se déroulent une fois par semaine, les mercredis ou jeudis soir, chez les uns ou les autres. Mais c'est la Monéjan que préfèrent les apprentis noceurs. Indépendant de la villa, ce garage se prête particulièrement à la fête : on dispute des parties de billard, on discute autour d'un verre et ce n'est pas l'espace qui manque pour danser. Avantage non négligeable, Simone et Jean ne sont pas intrusifs. Pas du genre à entrebâiller la porte pour faire mine de s'assurer que « tout va bien ? », ou pour s'enquérir si les invités ont « besoin de quelque chose ? ». Ils fichent une paix royale à leur progéniture, qui en profite bien.

Parmi les habitués, côté garçons, il y a les fils Bernard, les quatre frères, voisins de cabine de plage. Thierry a 21 ans quand Brigitte en a 15. Six ans de plus qu'elle. Il l'a connue enfant, au club de plage. Des jeux dans le sable aux soirées dansantes, ils ont fait les quatre cents coups ensemble. Adolescent, il l'a embarquée plus d'une fois sur sa mobylette pour une virée sur la plage. La jeune blonde élancée lui faisait un peu tourner la tête à lui, Thierry, comme à ses trois frères. Olivier, quatre ans de moins, est à peine plus sage. Il garde un souvenir attendri de quelques boums arrosées, le week-end, dans le garage de Brigitte, quand les parents Trogneux étaient restés à Amiens. Il en a aujourd'hui 72. Après une brillante carrière de cadre dirigeant dans le recrutement et les ressources humaines, ce retraité prospère n'a rien oublié des boums « un peu arrosées » et de leurs « virées à mobylette ».

Côté filles, il y a les copines d'enfance. Dont la presque jumelle Dorothée, née la même année que Brigitte, en 1953, à deux jours d'écart. Mariée, le même été, en 1974, une semaine plus tard. Comme beaucoup d'estivants, Dorothée passe le mois de juillet dans le Midi et août au Touquet où sa famille fait construire une maison dans les dunes. « Je me fichais de la météo, du crachin, du froid, c'est Le Touquet que je préférais, c'est là que j'avais le plus de liberté. Tous nos parents se connaissaient, ils faisaient partie de l'Uprat (l'Union des propriétaires, résidents et amis du Touquet), savaient toujours où nous étions, quelle fête se passait dans quel garage. » Brigitte, c'est la meneuse : « Joyeuse, très gaie, avenante, toujours en train d'organiser des trucs, raconte Dorothée. On ne parlait jamais de ce que faisaient nos parents, de comment ils gagnaient leur vie. Tout ce qui nous intéressait, c'étaient les soirées et les garçons, plus que les études ! »

En mai 1968, Brigitte vient de fêter ses 15 ans. Les professeurs d'Amiens ne font plus cours, les établissements sont fermés. Il fait beau, le printemps pointe le bout de son nez, l'adolescente et sa bande prennent le soleil dans le jardin à l'arrière de leurs maisons cossues en briques rouges. La grogne des étudiants les dépasse un peu, les copines ne s'enflamment pas plus que ça pour les leaders du mouvement, les Cohn-Bendit, Geismar ou Sauvageot. Mais les débats sur la place de la femme ne les laissent pas indifférentes. Les coups de boutoir contre les archaïsmes de la société conservatrice les interpellent. À la rentrée de septembre, Brigitte et ses camarades ne seront plus obligées de revêtir l'uniforme. Une petite révolution !

La déflagration de Mai 68 effleure Le Touquet. « Pentecôte sans essence », titre avec gravité le journal local. Plus d'essence, plus de touristes. Les recettes des hôtels et des restaurants de la station fondent en ce week-end du 2 juin. Un mois plus tard, le thermomètre bat des records de chaleur. Premières régates de juillet en baie de Canche, premiers bains de soleil au bord de la piscine marine. À l'hôtel de ville, le maire Pierre Ferrier, médecin de profession, a pris la mesure de l'impatience de la jeunesse. Pourquoi ne pas lui donner carte blanche pour organiser le premier rallye charade de la saison ?

Banco ! Le départ est donné place de l'hôtel de ville. Les équipages en voiture doivent résoudre des rébus avant de passer à l'étape suivante. Quel film a obtenu la Palme d'or au Festival de Cannes en 1958 ? Réponse : *Quand passent les cigognes* du cinéaste soviétique Mikhaïl Kalatozov. Quel est le nombre de gouvernements qui se sont succédé sous la IVe République (24) et le nom du dernier président du Conseil (Charles de Gaulle) ?

Pour triompher, il faut presque avoir préparé le grand oral de Sciences Po ! Des épreuves ludiques de culture générale taillées pour les futurs bacheliers. Pour Brigitte, les premières épreuves, celles du bac littéraire, se profilent au printemps 1972. Avec quelques camarades amiénoises, elle part s'enfermer à la Monéjan pour potasser. Une retraite productive pour cette lycéenne qui n'a jamais été première de la classe. Sur le tard, elle a quand même pris goût à la littérature du XIXe. Hugo, Baudelaire, Maupassant, Flaubert (*Madame Bovary* en particulier) ont forgé sa personnalité.

À 19 ans, elle décroche une mention assez bien à l'examen. Elle y est allée à son rythme. Elle a pris son temps. S'inscrit à la fac de lettres. Dans le clan Trogneux, où on est chocolatier de père en fils, depuis cinq générations, de Jean-Baptiste en Jean en passant par Jean-Claude..., on n'est pas peu fier de compter une intellectuelle parmi les confiseurs.

Brigitte a la bougeotte. Rêve d'horizons plus lointains que la préfecture de la Somme. D'un avenir moins tracé, moins prévisible que celui de ses sœurs restées dans le giron de la bourgeoisie provinciale. L'aînée, Annie, a épousé le patron d'une grosse entreprise de sanitaire. Pas de quoi la faire rêver, Brigitte. Monique a choisi un bon parti, l'héritier d'un des plus gros distributeurs automobiles de France. Ça non plus, ça ne la fait pas rêver. Brigitte attend une autre vie. Un prince charmant plus exotique. C'est au Touquet qu'elle rencontre André Auzière par l'intermédiaire de sa bande d'amis. Il vient de Paris. Il a deux ans de plus qu'elle. C'est le fils d'un haut fonctionnaire qui a vu du pays. André est né le 28 février 1951 au Cameroun où il a passé une partie de son enfance. Avant la mutation de son père à Madagascar où la famille demeure jusqu'en 1963. Le jeune André n'est pas l'archétype du provincial, il a fait ses études dans la capitale. Et se lance dans une carrière de banquier au Crédit du Nord. Un casting parfait pour l'étudiante en lettres qui cherche à s'affranchir du giron des chocolatiers sans toutefois couper complètement les ponts avec les siens.

Gage de sa fidélité familiale, son premier mariage, d'un classicisme absolu, se déroule au Touquet, le 28 juin 1974. Aux antipodes de la cérémonie qui, trente-trois ans plus tard, scelle son union avec Emmanuel Macron. Les noces de Mlle Trogneux et de M. Auzière ouvrent le carnet mondain des *Échos du Touquet* avec une photo en pied. Brigitte a 21 ans, André en a 23. Le jeune couple porte la panoplie des mariés modèles : elle en robe à frous-frous blanche, voile accroché à son chignon, les mains gantées serrant un bouquet de roses. Lui, beau brun, la rose épinglée au revers de sa redingote. Brigitte et André se tiennent par le bras, la mine un peu crispée, le sourire de circonstance. De part et d'autre, les parents et les beaux-parents. Les mères chic et chapeautées, les pères en smoking et nœud papillon. Ce n'est pas n'importe quel mariage qui ouvre la saison. C'est celui de la petite Trogneux. L'événement mérite un discours du maire Léonce Deprez qui marie la benjamine du président du club de tennis et vice-président de l'Union des propriétaires. Dans son allocution, l'élu se réjouit de « voir deux familles d'Amiens et de Paris choisir Le Touquet comme cadre de leur union ».

Après le couple Auzière, suivront les épousailles d'autres « filles de » la bonne société balnéaire : celle de Mlle Marie-Christine Hermary, fille du bâtonnier du barreau de Béthune et secrétaire général de l'Uprat et de madame ; de Mlle Marie-Élisabeth Deprez, fille du notaire Jean-Marie Deprez de Lylle et de madame, propriétaires bien connus de la villa La Bachèle...

Le lendemain du mariage de Brigitte et d'André, le ronron enchanté de l'été au Touquet suit son cours. Le dimanche 29 juin 1974, les majorettes défilent en costumes violet, rouge et vert, sous une pluie diluvienne. Pas de bol ! Le maire Léonce Deprez regrette que la pluie tant attendue depuis deux mois pour verdir les pelouses des cottages tombe pile le jour où « la station a tant besoin de son soleil ! ». Ce sera l'un des rares nuages venant assombrir le moral des résidents. L'été 1974 se passe gentiment. Papa Trogneux continue d'aller au club de tennis. Il devient le président de l'Uprat. Son fils aîné, Jean-Claude, avale des kilomètres à vélo en forêt. La période des boums en célibataire est révolue pour la jeune Brigitte. Mais les festivités continuent. Scintillante de paillettes, Rika Zaraï chante sa « joie de vivre » au casino de la plage, dîne au casino de la forêt et promet de « revenir pour une cure de thalasso ». Au palais de l'Europe, le duo vedette Guy Lux et Simone Garnier vient animer le concours de l'ORTF « Défendez vos couleurs » avec, en vedette, Stone et Charden débarqués pour l'occasion entre deux avions. L'été suivant, plus rien ne sera comme avant pour Brigitte. Sébastien naît l'année qui suit son mariage en 1975, viendra Laurence en 1977 (la même année qu'un certain Manu) et plus tard la petite dernière Thiphaine en 1984. Des futurs clients pour les clubs de plage.

CHAPITRE III

Et Manu vint au Touquet…

Ses pieds nus s'enfoncent dans le sable sec et tiède. Le jeune homme s'avance d'un pas décidé. Les quelques boucles de ses cheveux blonds mi-longs lui tombent sur la nuque. T-shirt blanc, bermuda beige, il a le visage enjoué, les yeux rieurs. Brigitte se tient deux pas derrière lui. Il tend la main, un franc sourire aux lèvres : « Bonjour, je suis Emmanuel. Mais vous pouvez m'appeler Manu… » Étonné, Thierry Bernard fronce légèrement les sourcils. Il lui rend aussitôt la pareille : « Enchanté, moi c'est Thierry. » À ses côtés, son frère cadet Olivier s'exécute : « Bienvenue, je suis Olivier. » En retrait, Brigitte laisse échapper un bref soupir de soulagement. Nous sommes à la fin de l'été 2001. Emmanuel Macron fait son entrée officielle dans le cénacle touquettois de son ancienne prof de théâtre. Leur liaison a commencé sept ans plus tôt, à Amiens. Depuis, Emmanuel est venu de temps à autre sur la Côte d'Opale. Mais très rarement, et surtout, très discrètement. Cet été, il est beaucoup plus présent à la Monéjan. Après trois ans passés à Sciences Po Paris, il prépare le concours d'entrée à l'Ena et s'est installé au premier étage de la maison familiale des Trogneux, dans le bureau du père, Jean. Il bûche sans cesse et ne sort guère de la villa. « On l'avait repéré, mais c'est vrai qu'il se planquait... », rigole Olivier Bernard.

En ce chaud samedi de la fin août, c'est la première fois qu'Emmanuel est introduit auprès des plus proches amis touquettois de Brigitte. Il n'a pas 25 ans. Le moment est d'importance. Un tel adoubement vaut reconnaissance. Enfin. Une longue période de semi-clandestinité s'achève.

Brigitte est tendue. Pour elle aussi, ce cap-là est solennel. Le Touquet, c'est toute sa vie. C'est là qu'elle a vécu les plus fortes émotions des quarante-huit premières années de son existence. La maison familiale, son enfance dans les clubs de plage, son adolescence fêtarde aux soirées du tennis club, les virées à mobylette. C'est là aussi, sur la Côte d'Opale, qu'elle a rencontré André Auzière.

Le Touquet, pour Brigitte, c'est donc la famille, la dynastie Trogneux d'abord, la figure renommée du père Jean, sa fidèle moitié Simone, et ses cinq frères et sœurs ; le clan Auzière ensuite, celui qu'elle a constitué avec André et leurs trois enfants. Lorsque Emmanuel surgit sur la plage en cette fin août 2001, c'est l'embryon d'une nouvelle famille que Brigitte choisit d'afficher au grand jour.

Il y a déjà longtemps qu'André Auzière ne vient plus au Touquet. Il a soudainement disparu du paysage familial à l'automne 1996. Sans que la rupture soit vraiment officialisée. Le divorce ne sera d'ailleurs prononcé que près de dix ans plus tard, en janvier 2006. André était aussi discret et réservé que Brigitte est énergique et exubérante. « Sympathique mais effacé » aux dires de tous ceux qui l'ont connu, il s'est éclipsé sans mot dire. Tout juste si, au Touquet, son absence a été remarquée.

À peine parti, aussitôt remplacé. Emmanuel se risque pour la toute première fois au Touquet dès le printemps 1998. De tout premiers pas quasi secrets, noyés dans l'anonymat. À l'époque, Brigitte ne le présente pas encore officiellement à ses connaissances comme son nouveau compagnon. Emmanuel a à peine plus de 20 ans ! Il se mêle aux parties de volley endiablées sur la plage, accompagne la tribu familiale, mais ceux qu'il croise ne savent pas exactement qui est ce Manu si sympa, si jovial.

Il faut dire que quand elle vient au Touquet, Brigitte est toujours entourée d'une bande. Il y a Sébastien, son fils aîné, qui achève de brillantes études d'ingénieur statisticien, ses deux filles blondes qui lui ressemblent tant, Laurence, l'ancienne condisciple d'Emmanuel à La Providence, qui se tourne vers la médecine, et la benjamine, Tiphaine, qui ne quittera Amiens qu'après son bac, à l'automne 2002, pour entamer des études de droit à Paris. Et puis il y a la ribambelle de copains, ou de petit(e)s ami(e)s des uns ou des autres qui se greffent aux trois enfants. Lors de ses rares passages, Emmanuel se noie dans la masse. De loin en loin, les fréquentations de Brigitte aperçoivent donc cet autre jeune homme blond traîner dans son sillage. Personne ne connaît la vraie nature de leur relation. Et nul n'ose le demander. Les questions indiscrètes, ce n'est pas vraiment une coutume locale. Au Touquet, on s'interroge parfois. On chuchote à la rigueur. On jase un peu. Rien de plus. On ne met pas les pieds dans le plat. Jamais rien de déplacé, pas de scandale, rien ne doit troubler la quiétude bourgeoise de la Côte d'Opale.

Alors quand Emmanuel a commencé à venir chercher des journaux le samedi matin, à la maison de la presse de la rue de Paris, quelques-uns ont d'abord pensé qu'il était le petit ami de la fille aînée de Brigitte, Laurence. N'avaient-ils pas été élèves dans la même classe, au lycée « La Pro » d'Amiens ? D'autres l'ont plutôt pris pour un copain du fils, Sébastien, qui a deux ans de plus que lui. Mais ça ne colle pas : certains voisins sont certains de l'avoir déjà croisé alors qu'il était en week-end seul avec la mère. D'autres les ont aperçus juste tous les deux, Emmanuel et Brigitte, faisant du vélo sur le front de mer. Un commerçant jure même les avoir vus se balader main dans la main le long de la Canche, échangeant des regards complices. Avant que les cancans ne prennent trop d'ampleur, Brigitte décide d'officialiser sa relation.

Elle se résout à présenter son compagnon à ses proches. À commencer par les Bernard bien sûr, des amis de plus de quarante ans. Ah, « les quatre frères Bernard ! », quand elle en parle, Brigitte en soupire d'aise. De joyeux drilles, un rien casse-cou, avec lesquels elle partage tant de souvenirs.

Mieux que des amis, les Bernard sont des intimes, presque des membres de la famille. Un indice ne trompe pas : ils possèdent la cabine de plage voisine de celle des Trogneux ! Ah ces fameuses cabines de plage, le Graal bourgeois du Touquettois accompli… Élégantes, décorées de tons pastel et dotées de portes colorées, elles s'alignent par dizaines le long de la digue, plein ouest, face à la mer. Jadis, elles portaient le nom de la villa de leur propriétaire. Celui-ci devait descendre sa cabine sur la plage au début de la saison d'été et la rapporter dans le jardin ou le garage de sa villa à l'arrivée de l'automne. Le transport s'effectuait sur une remorque surbaissée tractée par des chevaux.

Dans les années trente, la plupart d'entre elles furent prises en charge par la société VIC. Sacrée affaire tant ces cabines sont prisées. Certaines zones de la plage sont encore plus recherchées que d'autres. On y cultive luxe, calme et volupté en bonne compagnie, loin de l'agitation de l'Aqualud, le vaste parc aquatique du front de mer où s'ébat toute une marmaille excitée sous une pyramide de verre haute de 27 mètres.

Non, du côté des cabines, c'est bien la quiétude qui règne. Et il en faut de la patience pour accéder à ce havre de paix si courtisé. Des années à poireauter sur liste d'attente avant d'espérer en décrocher une. Huit cents demandes, une douzaine à peine qui se libèrent chaque année. Le privilège est rare. Dans chaque famille bien née, on se les cède de génération en génération. Elles sont la marque de fabrique des authentiques tribus touquettoises, le sésame de la bonne société. C'est donc l'endroit idéal lorsqu'il s'agit de faire les présentations, de sceller les bases d'une nouvelle vie. C'est là, sur la plage, entre voisins de cabine, qu'est célébrée l'intronisation d'Emmanuel dans l'entre-soi balnéaire. C'est là que Manu se voit reconnu comme un véritable « enfant du Touquet ».

Pour Brigitte, ce cérémonial a d'autant plus d'importance que Thierry, l'aîné des frères Bernard, était très ami avec

André Auzière. Même style chic et bien élevé, toujours un peu sur la réserve, les deux hommes se sont beaucoup appréciés, devisant de leurs affaires respectives, de banquier pour l'un, de directeur opérationnel chez Adecco, le leader du recrutement en intérim, pour l'autre. Faire adouber Emmanuel par Thierry Bernard, c'est pour Brigitte tourner la page d'une histoire, et en ouvrir aussitôt une autre. Dix-huit ans plus tard, le souvenir de ceux qui ont accueilli ce jour-là le nouveau venu est unanime : Emmanuel a été « PAR-FAIT ! ». Comme toujours. Prudent, très poli, presque trop, un rien précieux, le jeune homme se fait d'abord plutôt discret. Il reste sur ses gardes. Une sorte de gendre idéal comme on dit. Sauf que ce n'est pas le gendre, mais le compagnon et futur mari.

« C'est sûr qu'au début Emmanuel faisait sacrément gaffe... », sourit Olivier, le cadet des frères Bernard. Mais très vite, Emmanuel va faire ce qu'il sait faire de mieux : séduire. Il s'enquiert des études des enfants Bernard, n'hésite pas à se jeter à l'eau avec eux, même quand la Manche atteint péniblement 16 ou 17 degrés. Il plaît, enjôle, fascine. À la plage, Juliette, l'épouse d'Olivier, le désigne souvent à ses enfants, alangui sur un vieux canapé en cuir entreposé par Brigitte dans sa cabine : « Regardez Emmanuel, leur répète-t-elle, il a toujours un livre à la main. Il lit tout le temps, lui... Prenez-en de la graine ! » Quand Emmanuel n'est pas absorbé par un bouquin, il se balade un dossier sous le bras. Des notes, des fiches, des chiffres, il bosse sans arrêt. Mais n'est pas rabat-joie pour autant. De temps en temps, il se dresse d'un bond, envoie valser son paquet de feuilles et se jette dans la mer pour aller jouer dans les vagues comme le gamin qu'il est encore.

Emmanuel se mêle aussi bien aux jeux de plage avec les enfants Bernard qu'aux longs apéros bavards avec les parents. Thierry Bernard se souvient d'une conversation qui l'a fasciné, un soir de fin d'été. Au soleil couchant, installés sur la plage, devant leur cabine, les deux hommes partageaient un verre de rosé. Thierry a commencé à parler, à s'épancher, à dévoiler ses préoccupations de cadre supérieur en fin de carrière. Ses angoisses devant la retraite qui approche. Emmanuel l'a laissé venir. Il l'a écouté, absorbant ses paroles comme une éponge. Ses yeux se sont mis à briller intensément. Il s'est fait confesseur, puis conseiller. Pendant de longues minutes, Thierry a bien cru qu'il était devenu l'être le plus important du monde. « Le regard d'Emmanuel ne vous lâche pas, il vous aspire... »

Un exercice digne du boa Kaa du *Livre de la jungle* : « Aie confianccce, crois en môôôi. » Encore un aîné de trente ans envoûté par le jeune énarque. Le soir, de retour dans sa gigantesque villa lumineuse, dont la vaste baie vitrée scintille dans la forêt, Thierry Bernard s'est tourné vers son fils, Fabrice, qui a presque le même âge qu'Emmanuel : « Ce type-là, vois-tu, il est exceptionnel. Tu m'entends ? EX-CEP-TION-NEL ! Je n'ai jamais vu une intelligence prodigieuse pareille. Il sera président un jour ! »

Il faut dire qu'en matière de détection de talents, Thierry Bernard en connaît un rayon : c'est son boulot ! Quarante ans de carrière chez Adecco. Sa vie durant, il a fait passer des entretiens en pagaille, soupesant les qualités de l'un, les faiblesses d'un autre. Il a disséqué des milliers de CV, ausculté d'innombrables expériences. Des bataillons d'ambitieux, de forts en gueule ou de timides ont défilé dans son bureau. Il en a déstabilisé certains, réconforté d'autres. Sa vie est celle d'un examinateur, il l'a passée à jauger et même à juger ceux qui venaient à lui. Jamais, il n'avait rencontré un candidat comme Emmanuel. « J'ai croisé beaucoup de cadres de valeur dans mon groupe, mais lui, pffff…, il n'y en a pas deux comme ça ! » Un phénomène, un séducteur professionnel capable de cacher une habileté hors pair sous un vernis d'authenticité. C'est bien simple, s'il avait eu à le faire, Thierry Bernard aurait embauché Emmanuel sur-le-champ ! Quel que soit le poste…

Grégoire Campion, lui, c'est la spontanéité d'Emmanuel qui l'a séduit. « C'est sûr que quand on l'a vu arriver, on s'est dit, il est un peu jeune… mais bon… » Mais bon, Grégoire a vite oublié la différence d'âge. Lui, il est de la génération Brigitte. Elle et lui n'ont que quelques mois d'écart. Il l'a connue adolescente. Depuis des décennies, les Trogneux et les Campion se sont toujours croisés. Deux faces de la vie touquettoise. L'une bourgeoise, reconnue, prospère. L'autre, plus populaire, mais incontournable. Une institution locale. Les Campion, c'est la plus grande famille du coin. La mère de Grégoire avait quinze frères et sœurs, lui en a huit. Et il hésite un instant au moment de recenser tous ses neveux et nièces… Débarqué de Béthune, de l'autre côté du département, où son père avait connu Léonce Deprez sur les bancs de l'école, « Léonce », l'inamovible maire du Touquet, Grégoire a atterri sur la Côte d'Opale en 1968. Brigitte avait 15 ans à peine. Ils se sont fréquentés, de loin en loin. Brigitte l'impressionnait. Elle a fait sa vie d'héritière. Lui la sienne, de débrouillard. Grégoire s'est lancé dans une carrière de concessionnaire Renault. Tous les automobilistes de la région sont passés par son garage. Installé à Berck d'abord, puis à Rang-du-Fliers, il a fini par s'implanter dans la zone industrielle du Touquet. Débonnaire, chaleureux, Grégoire avait un peu de mal avec le premier mari de Brigitte, gentil, certes, courtois même, mais tellement vieux jeu, un rien coincé... L'inverse de ce sacré « Greg », truculent, un rien trivial. Alors quand Manu a débarqué, tout a changé. Le jeune homme a su se faire prévenant, attentionné. Et puis surtout, farceur, rigolard ! Grégoire a emmené Emmanuel en virée en bateau. Le courant est passé aussitôt. « Manu, c'est mon pote, je me jetterais au feu pour lui ! » répète Grégoire. La vie, et surtout la maladie se sont chargées de resserrer leurs liens. Grégoire a souffert d'une leucémie et à chaque étape de sa longue thérapie, Emmanuel était à son chevet. Greg a subi une aplasie, il y a laissé tous ses cheveux. Son « pote Manu » est venu le voir à plusieurs reprises à l'hôpital. Même une fois promu ministre de l'Économie, il était là. Il l'a soutenu, écouté et puis, à l'issue de chaque visite, un rituel s'est installé entre les deux hommes. Au moment de sortir de la chambre d'hôpital, juste avant de le quitter, Manu se penchait sur le lit de Greg et l'embrassait sur le crâne. Tel le défenseur de l'équipe de France de football Laurent Blanc déposant un baiser sur le crâne chauve du gardien de but, Fabien Barthez. Un porte-bonheur qui a accompagné les Bleus à chaque étape de leur route triomphale vers le sacre mondial de 1998.

Le même rituel a accompagné Grégoire sur les voies de la guérison. À peine rétabli, il a replongé dans une boulimie d'activités. Après avoir organisé pendant quelques années des concours au centre équestre, Grégoire a repris les rênes de l'association Le Touquet en fête. Avec trois bouts de ficelle et une poignée de bénévoles, il a multiplié les animations, pour égayer les rues de la commune. En point d'orgue, la grande parade de Noël. Chaque année, un samedi de la mi-décembre, alors que la nuit est déjà tombée sur la station, le défilé s'élance du rond-point Quentovic, remonte la rue de Paris, s'engouffre dans la rue Saint-Jean, puis tourne à droite, rue de Metz, jusqu'au marché couvert. Petits et grands s'y pressent, jusqu'à un millier de curieux qui font un triomphe au défilé qui serpente devant les vitrines illuminées. Devenu incontournable, le rendez-vous a beaucoup fait pour la popularité de Greg. En ville, son crâne chauve est devenu un phare, un point de repère. On s'arrache ses services. Au Touquet comme à Cucq ou Étaples, à chaque scrutin, les candidats locaux se disputent son soutien ou tentent de le recruter sur leurs listes. Grégoire repousse toutes leurs avances. Il n'en a que pour Manu. Plus de quinze ans que ça dure !

Depuis que son « pote » loge à l'Élysée, certains lui reprochent parfois sa proximité avec le chef de l'État, surtout dans l'entourage du député (LR) Daniel Fasquelle. « Ils me disent "ton ami ceci, ton ami cela"... Moi, j'm'en fiche, je ne les écoute pas. On ne me la fait pas, j'suis pas un lapin de six semaines. » Pour Greg, la famille c'est sacré et Manu en fait partie. Il s'entend d'ailleurs très bien avec sa mère, Françoise. Depuis qu'elle a divorcé en 2010 de Jean-Michel Macron, le père d'Emmanuel, Françoise Noguès, médecin de la Sécurité sociale à la retraite, s'est rapprochée de Brigitte et plus encore de ses amis du Touquet. Elle s'absente de plus en plus fréquemment d'Amiens pour venir se ressourcer sur la Côte d'Opale où Olivier et Juliette Bernard aiment à l'accueillir dans leur maison. Elle y croise souvent Grégoire. Emmanuel aussi rend visite à son « copain » Greg à chacun de ses passages au Touquet. Depuis qu'il est chef de l'État, il s'en sert un peu comme d'un baromètre. « Quand on se voit, confie Campion, il me demande toujours de lui rapporter ce qui se dit dans la région. Son expression fétiche c'est : "Raconte-moi ce que dit la rue ?" Le chômage, la colère des Gilets jaunes, la réforme des retraites, Manu soumet les dossiers d'actualité au scanner de son Greg. Et, à l'en croire, le copain n'est pas toujours indulgent avec l'action du président. « Mais je ne vous en dirai pas plus, ça nous regarde, lui et moi ! » fanfaronne Grégoire Campion. Les journalistes étrangers qui ont voulu lui acheter quelques-unes des photos de vacances qui peuplent son portable se sont cassé les dents sur son sens de l'amitié. « Manu, c'est mon pote, je ne le trahirai jamais ! » Foi de Touquettois !

Touquettois, Emmanuel Macron l'est devenu au gré des liens qu'il a su tisser avec les plus proches amis de Brigitte. Pour le meilleur, et parfois pour le pire. Au fil des années, les deuils aussi l'ont rapproché de la Côte d'Opale. En novembre 2018, c'est le frère aîné de Brigitte, Jean-Claude, celui qui avait repris les commandes de la chocolaterie familiale, qui s'est éteint à l'âge de 85 ans. Les obsèques ont eu lieu à l'église Saint-Martin d'Amiens. Emmanuel Macron y a prononcé un long discours émouvant plein d'allusions chaleureuses au berceau touquettois Le chef de l'État n'a pas caché les réserves de son beau-frère, deux fois plus âgé que lui, lorsqu'il l'a vu débarquer dans la vie de Brigitte. Puis, il a raconté la façon dont elles s'étaient peu à peu dissipées au gré de leurs rencontres, au contact de « l'air apaisant » de la Côte d'Opale. Au printemps suivant, c'est Carole, l'épouse de Thierry Bernard, l'aîné des quatre frères, qui est décédée. Emmanuel Macron en déplacement officiel à l'étranger, Brigitte est venue seule à l'enterrement représenter le couple et témoigner leur affection à la famille Bernard.

Et puis en décembre 2019, quelques jours avant Noël, cette fois, c'est Bébert qui s'en est allé. Bébert, c'était Albert Delalonde, fondateur des magasins Texti, une chaîne de commerces populaires qui ont essaimé dans toute la région. Emmanuel Macron s'était épris de ce self-made man à la mode ch'tie, cucquois d'origine, dont la grand-mère avait une boutique de tissus rue Saint-Jean, la rue de la maison des Trogneux. Bébert avait commencé avec son père à vendre des vêtements à bas prix sur les marchés de la région. À force de labeur, cet autodidacte avait gravi un à un les échelons de la réussite et de la reconnaissance. L'un de ces parcours susceptibles d'éblouir le président. Les deux hommes s'étaient liés et Emmanuel Macron ne ratait jamais l'occasion de croiser Bébert lors de ses passages au Touquet.

De temps à autre, son ami commerçant l'alertait des difficultés qu'il rencontrait pour transmettre ses magasins aux jeunes générations. Lors des obsèques d'Albert Delalonde, l'église Sainte-Jeanne-d'Arc du Touquet était archicomble.

Le chef de l'État absent, c'est la petite-fille du défunt qui témoigna de la proximité des deux hommes : « Papy discutait avec tout le monde, il était aussi à l'aise avec le cantonnier qu'avec le président de la République. » Au pied de l'autel, devant le cercueil, de nombreuses couronnes de fleurs, l'une d'elles attirait un peu plus l'attention que les autres. Elle était ceinte d'un large ruban sur lequel figurait une simple mention : « Emmanuel Macron. » Pas de trace d'une fonction quelconque, pas d'allusion à la présidence de la République. Seulement un prénom et un nom, ceux d'un « enfant du Touquet », enfin adopté, accepté et même consacré.

CHAPITRE IV

La base arrière de la Trogneux Company

C'est un non ferme et définitif. « On ne va pas me casser les pieds avec les chocolats le dimanche ! » répète Jean Trogneux. Le père de la petite Brigitte a toujours refusé d'ouvrir une chocolaterie au Touquet. Pendant la semaine, le patriarche se consacre à son commerce florissant à Amiens. Il parle amandes amères, pense papier doré, pèse ses macarons au gramme près (20 grammes, pas un de plus). Alors son week-end en famille à la Monéjan, le point de ralliement de ses six enfants, c'est sacré. Papa Trogneux se vide la tête en contemplant la Manche, se détend dans le jardin de sa villa, se défoule sur les courts de tennis. Une sérénité que rien ne doit troubler. Au cours des années cinquante, le patron de la confiserie Trogneux refuse même une proposition en or. Racheter son rival, Le Chat bleu, la gourmandise mythique du 47 bis, rue Saint-Jean, une aubaine.

Ce veto touquettois sera suivi à la lettre par son fils, Jean-Claude. Le frère aîné de Brigitte ne déroge pas à la règle. L'entreprise s'est aussi développée à Arras (où l'on vend le « cœur d'Arras », un biscuit à l'écorce d'orange) ou

Saint-Quentin (où l'on vend le « saint-quentin », un chocolat au praliné), à Lille (où l'on vend la « fleur de lys », un bonbon au chocolat fourré de ganache)... Mais Jean-Claude revendique l'interdit familial en rechignant à s'implanter au Touquet. Lui non plus ne veut pas qu'on lui casse les pieds avec les chocolats le dimanche. Le week-end, ce stakhanoviste du cacao joue au golf ou au tennis. Il se consacre à sa progéniture et à sa passion, le vélo. Se vide la tête en avalant des bornes, se détend en faisant une « promenade » Amiens-Le Touquet. Et quelle promenade... une centaine de kilomètres en peloton avec ses amis, dont le curé Jacques Noyer : « Nous prenions les routes les plus agréables, des amis nous donnaient des chocolats à chaque arrêt pour nous encourager », raconte le père Noyer. Alors ouvrir une enseigne de chocolat au Touquet ? « De mon vivant, décrète Jean-Claude, jamais ! »

Six mois après sa disparition, son fils Jean-Alexandre rompt le pacte. Un Jean de plus, le cinquième du nom. Chez ces cathos conservateurs de la bourgeoisie amiénoise, on se transmet l'entreprise Trogneux de Jean... en Jean depuis 1872. « On fait quoi ? » demande Jean-Alexandre à son fils. C'est un pas historique qu'ils s'apprêtent à franchir ensemble. « On ouvre au Touquet ! » lui répond spontanément Jean-Baptiste, 27 ans, l'héritier de la sixième génération. Chiche ! Le Touquet, Jean-Alexandre y a joué toute son enfance, son fils a chopé le virus. Pas de temps à perdre avant que toute la famille ne mette son grain de sel. L'ouverture de la chocolaterie au 84, de la rue Saint-Jean, à deux pas de la Monéjan, est programmée le 6 avril 2019, quinze jours avant la ruée sur les cocottes et les œufs de Pâques. L'installation d'un nouveau magasin dans l'artère la plus commerçante de la station ne passe pas inaperçue. Qui va remplacer le marchand de chaussures V & J ? Radio Touquet fonctionne à plein tube : on se rencarde, on le sait de source sûre, on le tient d'une cousine qui le tient d'un employé de la mairie… Jusqu'à ce qu'un écriteau accolé sur la devanture ne mette fin au suspense en signalant l'ouverture imminente de l'enseigne Trogneux. « Pas trop tôt ! » s'exclament les « addicts » du confiseur le plus célèbre de Picardie, qui ouvre sa neuvième boutique. Même logo, mêmes photos des six générations de patrons successifs, affichées derrière la caisse, les clients touquettois retrouvent les mêmes codes qu'à la maison mère d'Amiens… « Mais nous avons tenu à faire un clin d'œil local en créant un chocolat en forme du caddy des golfeurs, l'emblème de la station », raconte Jean-Alexandre Trogneux, le fils de Jean-Claude et neveu de la Première dame.

Tata Brigitte qui avait ses habitudes au Chat bleu a désormais son fournisseur familial attitré à moins de cent mètres de sa maison. En ce printemps 2019, c'est bien plus qu'une chocolaterie qui vient d'ouvrir au Touquet. Le blason des Trogneux pavoise enfin au cœur de la station. Jusqu'ici, le clan ne faisait partie « que » de la caste des propriétaires. Brigitte possédait la maison à deux pas du West ; Jean-Claude et « Brigitte 2 » (son épouse), une coquette villa construite par l'architecte Louis Quételard, nichée dans la forêt, celle de Jean-Alexandre se situant près du marché couvert… Au total, une dizaine de maisons appartiennent aux membres de la tribu, frères et sœurs de la Première dame. La plus connue, la plus photographiée et la plus selfisée ?

La Monéjan dont Brigitte a hérité de ses parents, Simone et Jean. Derrière la caisse de « la plus petite boutique de souvenirs du Touquet », Jean-Marc Monteuuis est tout fier de montrer les cartes postales de la « villa présidentielle » qu'il commercialise depuis le printemps 2017. Les badauds se les arrachent. Tellement que de nombreux Ch'tis, venus en voisins du Nord, l'ont souvent harcelé de questions en patois pour connaître l'emplacement précis de la maison.

Jean-Marc s'est amusé à faire une autre version de sa carte postale : on y voit la Monéjan accompagnée d'une interpellation typiquement locale : « Duche ti quel est ch'baraque ? » (Mais où est-elle donc cette maison ?).

Si elle n'était pas devenue la demeure du couple présidentiel, les touristes ne prendraient pas la pause devant cette villa un peu biscornue, affublée d'une agence immobilière en rez-de-chaussée. Avec sa pierre de Marquise aux multiples nuances de gris, ses briques, ses balcons et ses tuiles plates vernissées, ce n'est ni la plus élégante ni la plus bluffante. « C'est vrai qu'elle était plus jolie avant », a reconnu Brigitte le jour où Alain Holuigue lui a montré une carte postale noir et blanc de sa villa datant de 1909. Il n'y a que le secrétaire perpétuel de la Société académique du Touquet pour dénicher ce genre de pépite. Ce kiné à la retraite, passionné de l'histoire locale, adore jouer les Sherlock Holmes dans son antre installé au pied du phare. Une caverne d'Ali Baba, mais rigoureusement ordonnée où sont archivés par ordre chronologique les journaux, les plans d'urbanisme, les affiches rétro, les tracts électoraux de l'époque Pouget des années trente…

« J'ai enquêté pour vous ! » nous dit-il. Lancé sur la piste de la Monéjan, Alain Holuigue a compulsé les vieux annuaires des habitants, en a déduit sa date de construction : « Probablement autour de 1908. » Et retrouvé son architecte : Anatole Bienaimé qui en avait fait le siège de son agence. Une voix de baryton qui en impose, un style normand pittoresque, Anatole Bienaimé a été le seul concurrent de Louis Quételard, l'architecte star du Touquet des Années folles. Bienaimé a tâté de la politique à Amiens. Ses villas dites « balnéaires » – Les Naïades, Suzette, Giroflé Girofla, Butterfly, Walkyries ou encore Le Roi d'Ys – ont fait la gloire de ce grand mondain à l'âme d'enfant. On lui doit l'invention du concours des châteaux de sable qui a conquis tout le littoral !

En bon commerçant qui a réussi, Jean Trogneux s'offre une villa signée Bienaimé, gage d'appartenance à l'élite picarde. De larges baies vitrées laissent passer la lumière, il installe son bureau au premier étage, bureau qu'utilisera plus tard un certain Emmanuel… Le général de Gaulle arrive au pouvoir et la Trogneux Company prospère pendant les Trente Glorieuses. Dans les années soixante-soixante-dix, on ne parle pas encore de « nouveaux riches » au Touquet, mais on distingue la « paroisse d'été », celle des estivants fortunés, des baigneurs qui dépensent leur argent, de la « paroisse d'hiver », celle des artisans, des commerçants, des domestiques. La première fait de l'équitation alors que la seconde n'a jamais chevauché un pur-sang. La station se structure autour de ces deux communautés. Sur la plage, les marchands de journaux, de chouchous, de tapis marocains tentent de fourguer leur camelote aux riches Amiénois, Rémois, Lillois ou Parisiens en villégiature. Les recettes du casino servent à financer la construction de la poste, de l'hôtel de ville, de la piscine marine à l'eau de mer et du champ de courses. Plus les riches s'enrichissent, plus ils redistribuent. Quel meilleur exemple que Le Touquet, pour illustrer la fort libérale théorie du « ruissellement », si chère à Emmanuel Macron ?

Pour le président qui porte aux nues la « start-up nation », les Trogneux incarnent la cacao connexion. Six générations qui, de père en fils, de Jean en Jean, ont grimpé les échelons de la réussite. Ils font évidemment partie de la paroisse d'été et, en bons chrétiens, invitent l'évêque d'Amiens à passer une journée à la Monéjan. Simone apporte les rafraîchissements, Jean s'enquiert de l'état d'esprit des ouailles du curé. « J'ai d'abord sympathisé avec les parents de Brigitte, des commerçants bourgeois aisés ; ensuite c'est avec les garçons Jean-Claude et son frère Jean-Michel que j'ai tissé des liens », confie Jacques Noyer, 93 ans, curé doyen du Touquet, promu évêque d'Amiens (1987-2003), qui a baptisé « par lot » les petits-enfants de Brigitte. Son obsession : établir des liens entre Le Touquet d'en haut et Le Touquet d'en bas. Tout l'inverse de ce que faisait son prédécesseur : « Brillant orateur, il prêchait pour les riches l'été, et laissait son vicaire faire la messe l'hiver à la plèbe. Combien de fois ai-je invité, dans mes sermons, les clients fortunés à penser aux serveurs des brasseries, obligés de rester jusqu'à 2 heures du matin ? »

Si le curé préféré des Touquettois s'est particulièrement attaché au clan de Brigitte, c'est que leur conception de la réussite colle à ses valeurs humanistes. Chez les Trogneux, on ne s'implante pas seulement pour faire du fric, on pense à la famille élargie. Dont le petit personnel fait partie. Quand la meilleure vendeuse de la boutique d'Amiens épouse un facteur muté à Arras, plutôt que de la perdre, on ouvre une succursale arrageoise. Chez les Trogneux, on ne se place pas au sommet sans avoir fait ses preuves en bas de l'échelle. On ne naît pas avec une cuiller en argent, mais avec un mortier pour piler les amandes des macarons. D'ailleurs on ne parle jamais d'argent, comme dans toutes ces familles aisées qui transmettent l'entreprise d'aîné en aîné.

« Tu seras chocolatier, mon fils », serine-t-on au petit Jean-Alexandre à peine en âge de parler et de marcher. À force de se sentir prédestiné, le jeune homme diplômé d'une école de commerce (l'ESCP) rêve, à 25 ans, d'horizons plus lointains que la boutique de papy. La cinquième génération de Jean n'a qu'une envie, dire : « J'en ai marre ! » Se rebeller. Se projeter en *trader* à Wall Street. Nous sommes en 1981, le socialiste François Mitterrand a gagné la présidentielle, les capitaines d'industrie redoutent la révolution, craignent les nationalisations. Reprendre une entreprise en France ? Une hérésie. Mieux vaut s'exiler… Mais un Trogneux n'échappe pas si facilement à son destin. Le père de Brigitte est un malin. Jean ferre son petit-fils en invoquant un cas de force majeur : une opération de la hanche qui va l'immobiliser. Il a besoin que le clan se resserre autour de l'affaire. Que son fils, Jean-Claude, et son petit-fils, Jean-Alexandre, se serrent les coudes pour faire tourner l'entreprise pendant sa convalescence. « Je ne suis jamais reparti, témoigne Jean-Alexandre qui, jusqu'ici, filait un coup de main pendant les vacances d'été. Mon grand-père, c'était mon meilleur ami, il avait une ouverture d'esprit incroyable, une grande classe et une écoute rare. Dans la famille, la tradition voulait que seul un garçon reprenne l'entreprise. J'étais le seul fils. Je n'y ai pas échappé. Et j'y suis resté plus de trente ans. »

Comme chez les Compagnons du devoir, Jean-Alexandre entreprend un tour de France auprès des meilleurs chocolatiers durant une année pour apprendre le métier. Et perpétue le mythe du fondateur. C'est en 1872 qu'un lointain aïeul, Jean-Baptiste Trogneux, a ouvert un tout premier atelier à Amiens où il cuisinait des soufflés, des vol-au-vent et des entremets. Puis s'inspirant de la recette introduite au XVIe siècle par Catherine de Médicis – un mélange subtil d'amandes, de sucre, de miel et de blancs d'œuf –, il crée ses fameux macarons qui feront la renommée d'Amiens et la fortune des Trogneux. Suivra une tripotée de Jean qui reprennent le commerce, s'agrandissent, ouvrent d'autres boutiques dans la région. Des patrons à l'ancienne, paternalistes, qui logent leurs employés au-dessus du magasin. Et qui, après chacune des deux guerres, reconstruisent la boutique dans une ville pilonnée par les obus de l'ennemi allemand.

En 1945, le père de Brigitte, qui n'a pas appris les ficelles du marketing dans une grande école mais sur le tas, a une intuition de génie : se consacrer uniquement à la chocolaterie. Jean Trogneux mise sur les macarons délicatement emballés dans du papier doré, à la manière de ces petits savons que l'on offre dans les palaces. « C'était un novateur, raconte son vieil ami Patrick Doussot. Jean a été l'un des premiers dans la région à se dire qu'il pouvait développer sa propre marque, créer une chaîne pour vendre des chocolats artisanaux. »

Sacré flair. Aujourd'hui, la Trogneux Company emploie une soixantaine de salariés, pèse chaque année 45 tonnes de cacao, 18 tonnes d'amandes, et écoule 2,5 millions de macarons. Son chiffre d'affaires s'élève à 4 millions d'euros. Les Anglais et les Allemands se les arrachent sur Internet. Il se dit même qu'un dirigeant de la maison de luxe LVMH à Tokyo s'en est fait expédier. Les clients fidèles ont grandi en même temps que les Trogneux à qui l'on commande les dragées du baptême, de la communion, du mariage… « Tenir sur six générations, relève du miracle, confie Jean-Alexandre, cheveux mi-longs, barbe de trois jours, grosse bagouse à tête de mort. Tout le monde pense que c'est facile de reprendre l'entreprise familiale, on vous colle à la peau l'image du fils à papa. Alors qu'on doit se battre plus que les autres. Les concurrents vous attendent au tournant et veulent vous la prendre cette cuiller en argent ! » Le neveu de Brigitte est plutôt cash. Il a beau fabriquer des sapins en chocolat recouverts de brisures d'amandes et de noisettes, des pralinés crémeux, des marrons confits, le patron n'édulcore pas pour autant la *success story*. Entre Jean-Claude le père et Jean-Alexandre le fils, il n'y a pas vraiment eu de transmission, plutôt une longue cohabitation. Une « période compliquée », confie-t-il aujourd'hui.

Jean-Claude a endossé le costume du patriarche à la mort, à 85 ans, de son père Jean. Plutôt énergique, voire directif, il n'est pas d'un caractère facile. Il se mêle de la vie sentimentale de sa cadette, Brigitte, entichée d'un jeunot, et l'enjoint de renoncer à Manu. C'est ainsi que monsieur le curé entend parler de M. Macron. En termes peu élogieux… Par le biais de Jean-Claude, pas très objectif, qui trouve Emmanuel trop jeune et trop à gauche ! Il redoute surtout que la liaison de Brigitte avec son élève n'éclabousse la réputation des Trogneux et ne rejaillisse sur leur business. Il tance sa sœur, la culpabilise. Se prend pour son père. Évêque d'Amiens à l'époque du « scandale », Jacques Noyer n'a pas eu à gérer cette affaire, le lycée La Pro étant un établissement jésuite. « Mais évidemment j'étais au courant ! La famille Trogneux était connue comme le loup blanc. La petite bourgeoisie a dit tellement de mal de Brigitte ! Les Trogneux en ont pris plein la figure ! »

Jean-Claude, qui se mêle de tout, se mêle aussi de la vie professionnelle de son fils. Jean-Alexandre n'a d'autre choix que de lui arracher les rênes de l'entreprise. Même diminué, même en fauteuil roulant à la fin de sa vie, Jean-Claude s'immisce encore dans les affaires. « Cela a été difficile d'exister dans l'ombre de mon père, j'ai tenu parce que c'est un métier passionnant, souligne Jean-Alexandre. À 7 heures du matin, vous êtes au laboratoire, à 9 heures chez le banquier, à 11 heures vous gérez comme un DRH le planning des employé(e)s, et vous devez toujours être créatif, en quête de nouvelles idées pour épater les clients à l'occasion des fêtes d'Halloween, de Noël ou de la Saint-Valentin. »

Pour innover, Jean-Alexandre imagine des gourmandises en forme d'iPhone, de pin-ups en bikini, de footballeurs ou d'escarpins Louboutin, tout en entretenant la mémoire du fondateur. Il collectionne les vieilles boîtes des chocolats Trogneux, ces raretés chinées dans les brocantes que lui échangent ses clients contre des boîtes neuves... pleines de douceurs. Contrairement à son père, la passion du métier ne l'a pas empêché de se mettre en retrait au profit de son fils, Jean-Baptiste, 27 ans, le sixième du nom. « J'ai fait tout l'inverse, je lui ai dit : tu as les pleins pouvoirs, raconte-t-il. Mais si tu as besoin de conseils, tu peux compter sur moi. » Rentré au bercail après un passage professionnel à Shanghai et Hong Kong où Jean-Baptiste gérait les relations clients pour des marques de luxe, le fiston est devenu le nouveau directeur général en janvier 2019. Il a été formé chez les Meilleurs Ouvriers de France. Son portrait, ajouté aux autres, ceux de Jean-Baptiste le fondateur, les deux Jean, Jean-Claude et Jean-Alexandre, trône dans la boutique historique de la rue Delambre à Amiens. Encore un garçon ! Jean-Alexandre ne désespère pas que sa fille Margaux, 25 ans, « raccroche le wagon ! ». Jusque-là, mesdames Trogneux n'ont jamais fait partie du comex. Une discrétion qui ne les a certes pas empêchées de jouer un rôle en coulisse, sans toucher de salaire et chacune selon son caractère. L'épouse artiste de Jean-Alexandre a donné un coup de jeune à la décoration ; sa mère est restée presque vingt ans derrière la caisse ; tandis que sa grand-mère Simone, la maman de Brigitte, la plus cartésienne, toujours impeccable, fille d'un négociant en vin et en eau-de-vie, s'occupait de la comptabilité.

Depuis que la renommée des Macron talonne celle des macarons, la chocolaterie est devenue une attraction. Un parcours touristique balisé : on photographie la Monéjan au Touquet ; on débarque dans l'une des boutiques d'Amiens en demandant si « Brigitte va passer ? ». Les effrontés déposent même un courrier : « Vous pourriez le transmettre à l'Élysée ? »

Dans la foulée de l'élection présidentielle de mai 2017, l'enseigne a joué de cette proximité avec le chef de l'État pour se faire un bon coup de pub. Juin 2017, Emmanuel Macron sort son fameux « *Make our planet great again* » en réponse à son homologue américain Donald Trump qui sort des accords de Paris sur le climat. Chez le chocolatier, la *punchline* est aussitôt affichée en vitrine. Pour tout achat d'une planète en chocolat vendue 12,90 euros, 5 euros sont reversés à WWF, l'ONG au panda dédiée à la protection de l'environnement.

L'entreprise aime surfer sur l'actualité, incarner cette société civile que Macron porte aux nues et qui s'engage en faveur de nobles causes. Quand s'embrase Notre-Dame dans la nuit du 15 au 16 avril 2019, les Trogneux ne dégainent pas un don de 200 millions d'euros comme le milliardaire Bernard Arnault, mais dès 4 heures du matin, l'atelier se met en marche pour fabriquer des cathédrales en chocolat dont le profit de la vente ira directement au secours de celle de Paris. En mars 2015, pour enrayer l'abstention aux élections départementales, l'enseigne lance l'opération « 1 vote, 1 macaron ». Le client qui présente sa carte d'électeur tamponnée a droit à une gourmandise gratuite.

Quand Macron va, tout va. Mais il suffit que s'effondre la cote de popularité du chef de l'État, que ses réformes cristallisent les colères, pour que le business des Trogneux devienne l'épicentre de la contestation. Une caisse de résonance de la grogne sociale. En décembre 2018, les Ch'tis se scindent en deux factions de Gilets jaunes : il y a ceux qui font le pied de grue devant la Monéjan et ceux qui investissent l'emblématique chocolaterie d'Amiens. Au Touquet, les CRS dispersent les manifestants. Dans la boutique d'Amiens, les vendeuses apeurées tirent le rideau. Des policiers en civil se postent devant l'enseigne à deux pas de la place Gambetta pour éviter tout débordement.

La réforme des retraites ? Rendez-vous devant chez Trogneux. La colère des cheminots ? Rendez-vous devant chez Trogneux. Les Whirlpool dont on ferme l'usine ? Rendez-vous devant chez Trogneux. « Brigitte, avec nous ! », scandent les manifestants. « Où est Macron ? », réclament les militants en écho à la provoc' du président : « Qu'ils viennent me chercher ! »

Trop, c'est trop. La chocolaterie Trogneux ne veut plus être le souffre-douleur des anti-Macron et le fait savoir. Dans les médias, Jean-Alexandre Trogneux, qui n'a pas encore passé le flambeau à son fils, se met en rogne. La Trogneux Company n'a aucun lien financier avec les Macron. « Je ne suis pas responsable des actions ni des actes du président, répète-t-il. Tout comme mes vendeuses qui n'ont pas à subir les insultes, les amalgames et les *fake news* propagées sur le web. »

Trop tard… L'amalgame macaron-Macron est devenu viral. Dans les Hauts-de-France, la région présidée par Xavier Bertrand, Les Républicains alliés à l'Union des démocrates et indépendants se confrontent au Rassemblement national qui prospère sur les terres ouvrières. Échanges surréalistes en février 2020 au sein du conseil régional : proche de Marine Le Pen, Jean-Richard Sulzer distille le soupçon en interrogeant l'assemblée sur le privilège réservé à la « confiserie

T. » d'Amiens, comme fournisseur attitré des mondanités officielles de la Région. « J'imagine qu'il y a d'autres confiseurs dans les Hauts-de-France, questionne sournoisement l'élu Sulzer. Alors pourquoi accorder à celui-ci une forme d'exclusive, jusqu'à faire livrer à Lille ses produits pour les réceptions ? Même si nous sommes en deçà des seuils légaux, on pourrait peut-être procéder par appel d'offres… » Un appel d'offres pour se protéger d'une accusation de favoritisme ? Pour des macarons ? D'habitude, ce sont des magnats de l'immobilier jonglant avec des millions d'euros qui se retrouvent dans le collimateur de la justice, pas un vendeur de friandises ! « Rassurez-moi, monsieur Sulzer, ce n'est pas en raison des liens familiaux de cette société avec le président de la République que vous posez cette question ? interroge Xavier Bertrand. Car c'est bien de la chocolaterie Trogneux qu'il s'agit, n'est-ce pas ? Pouvez-vous jurer qu'il n'y a pas de lien ? » Réponse hypocrite de l'intéressé : « Je le jure, président. Mais pas sur ma tête… » Réplique narquoise du président de Région : « Qui fabrique des macarons des Hauts-de-France, sinon Trogneux ? Ces produits véhiculent l'image de la région. Je rappelle d'ailleurs qu'il y a des boutiques Trogneux à Saint-Quentin, Arras, Lille, au Touquet. Mais si vous trouvez des gens qui font aussi bien, au même prix, on verra. En attendant il ne doit pas y avoir de délit de nom. » L'économiste et membre du bureau du RN, Jean-Richard Sulzer a fait le pari de trouver un digne concurrent aux Trogneux. La guerre des macarons est déclarée.

CHAPITRE V

À l'ombre de Léonce

La sentence jette un froid dans la brasserie de l'aéroport du Touquet : « Adhérer à un parti ? Non merci, très peu pour moi. Je ne préfère pas... », lâche le jeune indocile. Interloqués, les quelques convives attablés à L'Escale se regardent sans trop comprendre. Depuis une heure, ils fignolent les derniers détails de la mise en orbite municipale de leur poulain. Et voilà que le candidat en personne refuse l'obstacle ! Pas question de prendre une carte à l'UMP, répète Emmanuel Macron. Il n'a pas encore 29 ans et son refus sonne le glas de son aventure politique locale, avant même que celle-ci ait vraiment débuté.

Les premières approches datent de quelques mois, précisément le vendredi 28 juillet 2006. Ce jour-là, Emmanuel Macron est l'invité d'honneur de l'assemblée générale de l'Uprat. Le rendez-vous a tout du passage obligé pour qui veut se faire accepter des notables de la station. C'est le club des fortunes discrètes qui prospèrent à l'ombre des dunes de la Côte d'Opale. On se coopte, on se parraine, le bouche-à-oreille sélectionne les heureux élus et l'Uprat ne compte au total que… deux cents familles, comme une résurgence du mythique « Mur de l'argent » accusé de s'être dressé contre le Front populaire dans les années trente.

Résident touquettois, Emmanuel Macron en est membre. C'est Brigitte qui l'a introduit au sein de ce cénacle. Son père, Jean, a lui-même présidé aux destinées de l'Uprat par le passé et les Trogneux figurent parmi les grands propriétaires de la commune. Emmanuel, jeune homme toujours pressé, vient même d'intégrer le conseil d'administration de l'association. Trois semaines plus tôt, le 8 juillet 2006, il a pris sa plus belle plume pour postuler auprès du président de l'association : « Cher Patrick Gonet, Monsieur le Président, je me permets par la présente lettre de solliciter auprès de vous l'acceptation de ma candidature au conseil d'administration de l'Uprat. En effet, je souhaiterais pouvoir intégrer celui-ci lors de son prochain renouvellement afin de pouvoir m'engager davantage dans vos activités et apporter l'aide que vous jugerez utile à votre organisation. » Une brève missive rédigée d'une écriture élégante et conclue des quelques mots d'usage : « En vous remerciant par avance de l'attention que vous porterez à ma candidature, je vous prie de croire, cher Patrick Gonet, Monsieur le Président, à l'expression de mes sentiments les meilleurs, Bien cordialement, E. Macron ». L'auteur a pris soin de joindre au courrier sa carte de visite d'inspecteur général des Finances au ministère de l'Économie et d'y griffonner son numéro de portable.

Trois semaines plus tard, le voilà qui rejoint les adhérents de l'association réunis, comme chaque été, dans un salon cossu de l'hôtel Westminster pour leur assemblée générale.

L'occasion de deviser abattage des peupliers, délivrance de permis de construire en forêt ou installation de caméras de surveillance en bord de mer. Ces derniers temps, un nouveau spectre hante les membres de ce club sélect et mobilise leurs énergies : les éoliennes ! Pire encore que les moulins à vent de Don Quichotte, la menace de ces nouveaux monstres ailés fait frissonner la bourgeoisie touquettoise. « C'est notre cheval de bataille, confirme aujourd'hui Patrick Gonet, empêcher les éoliennes de défigurer notre ligne d'horizon. »

Ce 28 juillet 2006, pour répondre aux préoccupations de leurs adhérents, les organisateurs du raout ont eu l'idée de convier un intervenant pour deviser de sujets en lien direct avec leur portefeuille. Patrick Gonet annonce qu'un « jeune homme travaillant au ministère des Finances » va prendre le micro. Dans le salon Opale du West, la nouvelle ne fait pas que des heureux. Pour une bonne partie de la centaine de propriétaires présents, un tel CV fait figure d'épouvantail. Quelques visages se crispent. D'ordinaire, la fiscalité trouble leur quiétude. Nombre d'entre eux peinent à trouver le sommeil quand resurgit la saison de la taxe d'habitation, ou cauchemardent à l'idée de devoir payer l'impôt sur la fortune. Venu plancher sur les finances communales, Emmanuel Macron précise d'emblée qu'il s'exprime « à titre personnel » et en aucune façon au nom de Bercy, où il exerce ses talents professionnels. Puis le jeune énarque se lance dans un grand exposé fiscal. Il commence par plaider les mérites de l'impôt pour la solidarité nationale puis dénonce le fléau de l'évasion fiscale. L'atmosphère devient un rien pesante… L'intuitif Macron va s'employer à la détendre.

Le voilà qui insiste sur la nécessité pour l'État de faire des économies, qui prône la réduction des dépenses publiques et même le non-remplacement des fonctionnaires partant à la retraite : « La dette du pays s'élève à 60 % du PIB. C'est énorme ! Il ne faudra pas passer à côté de l'opportunité que représentent les départs à la retraite dans la fonction publique. C'est une question de survie du système social français, qui est un bon système avec des prestations d'une qualité reconnue mondialement. »

Sa cote remonte. Habile, il louvoie, s'applique à donner raison à tout le monde ou presque, et multiplie les digressions à vocation pédagogique. Avec ses cheveux blonds mi-longs, sa bouille juvénile, et son franc-parler ponctué d'expressions désuètes (« saperlipopette », « carabistouilles », « Perlimpinpin »), le jeune inspecteur des finances a tôt fait de séduire l'aréopage de Touquettois fortunés qui lui fait face.

L'un d'entre eux, retraité, ne touche toutefois qu'une modeste pension. Il s'indigne de devoir payer l'ISF parce qu'il a hérité d'une maison dont le prix s'est envolé au fil des années. « On se réveille un matin, on a toujours vécu modestement et on découvre que l'on est imposé à la grande fortune… », s'irrite-t-il. Emmanuel Macron admet benoîtement qu'il n'a « malheureusement pas la solution » et renvoie la balle au législateur. « La solution est politique. Tout ce que l'on peut faire, c'est expliquer aux Français la nécessité de réformer notre système fiscal. Pour que les réformes se fassent… », martèle-t-il. Comme souvent, Macron est trop long. Comme toujours, il s'écoute un peu trop parler, peine à conclure, empile les sigles, additionne les anglicismes. Le monologue dure quarante-cinq minutes. Agacé, un quinquagénaire bondit : « Vous êtes l'archétype de l'administration avec un grand « A » ! Ce sont les fonctionnaires qui sont responsables du déclin de la France ! » Grand sourire aux lèvres, le jeune énarque ne se démonte pas. Et répond posément : « Cher Monsieur, je pourrais aisément rétorquer que vous êtes un poujadiste mais je ne le ferai pas. Au contraire de vous, je ne crois pas à la division d'un peuple. »

Quelques interventions policées plus tard, Patrick Gonet clôt l'exercice d'un propos prémonitoire : « Chers amis, l'heure tourne, nous allons devoir en rester là et remercier monsieur Emmanuel Macron. Je suis certain que nous aurons encore de bonnes occasions d'entendre parler de lui. »

Les échanges se poursuivent en comité restreint. L'heure est aux petits fours et aux coupes de champagne, Emmanuel passe de l'un à l'autre éminent membre du club. On se l'arrache. Sa prestation a fait un tabac. Un propriétaire tire Gonet par la manche : « Patrick, où as-tu été chercher ce gars-là ? » Le patron de l'Uprat, fier de sa trouvaille, reconnaît aujourd'hui : « On a tous été bluffés. On l'a trouvé époustouflant ! Il a eu l'art et la manière de mettre dans sa poche quelques vieux grincheux… »

Parmi cette bande de proprios distingués, Philippe Cotrel, ancien maire du Touquet de 1995 à 2001, est emballé. Deux de ses amis, Stéphane Marseille et Philippe de Beco, membres de son équipe municipale, le sont tout autant. La performance du brillant haut fonctionnaire de Bercy les inspire. Une idée fulgurante les stimule : et si c'était lui ? Et si ce golden boy élégant, charmeur et espiègle, était leur candidat ? La tête de liste idéale pour conduire leur association, baptisée « Perspectives », aux élections municipales de mars 2008 ? Le seul capable de succéder à l'irremplaçable Deprez ? De venger Philippe Cotrel, battu en mars 2001, par l'inamovible Deprez ?

À l'époque, Léonce Deprez, le vieux baron de la droite touquettoise, a repris son bien à une centaine de voix près seulement. Un come-back au goût de revanche ! Six ans plus tôt, le 18 juin 1995, c'est presque par hasard, et sans trop y croire, que Philippe Cotrel avait terrassé Léonce Deprez. Il lui avait enlevé la mairie, le jour de la… Saint-Léonce ! Cotrel en rigole encore…

Mais durant son unique mandat, Cotrel n'a guère eu l'occasion de rigoler davantage. Au fil des mois, « Léonce », comme tout le monde l'appelle ici, a fomenté sa vengeance. Patiemment. Inlassablement. Il a activé ses innombrables réseaux et, sans état d'âme, est passé à l'acte. Au moment de trancher, Léonce n'est pas de ceux dont la main tremble. Évincé, Philippe Cotrel jure qu'on ne l'y reprendra plus. Pas son truc le boulot de maire, enfermé dans son bureau, croulant sous les dossiers. Ras le bol des règlements de comptes qui déchirent la bourgeoisie du cru au risque de menacer le business de ce Bernard Tapie de la Côte d'Opale ! Cotrel a laissé trop de plumes dans la bagarre. Il cherche un ambitieux susceptible de le suppléer, et de relever le défi.

Car, en cet été 2006, Léonce vient de fêter ses 79 ans. Son sixième et dernier mandat municipal touche à sa fin. Il ne rempilera pas. Cette fois, ça y est, Léonce s'apprête à tirer sa révérence ! La nouvelle est d'importance. En ville, on se la répète sans trop y croire. Parole de Touquettois, une page d'histoire, entamée en 1969, va bientôt se tourner. Alors qui pour lui succéder ?

Les bisbilles de la droite locale, Philippe Cotrel en a soupé ! Il pressent qu'il ne trouvera pas de candidat de substitution dans ce marigot où pataugent trop de médiocres crocodiles occupés à se tirer dans les pattes. Ce qu'il aime pardessus tout, Cotrel, c'est l'esprit d'entreprise, la capacité d'innovation, l'audace ! Tout le portrait-robot de ce jeune inspecteur des finances venu de Paris, via Amiens, et arrimé à la riche et respectée famille Trogneux.

Après des débuts comme notaire, Philippe Cotrel a repris et développé l'entreprise de matériel médical héritée de son père. En dix ans, il en a multiplié le chiffre d'affaires par 20, passant de 2,2 à 45 millions d'euros, avant… de devenir avocat et d'ouvrir un cabinet au cœur du Touquet. Ses affaires florissantes lui ont permis de s'offrir trois hélicoptères et un petit avion de cinq places stationnés dans les hangars de l'aéroport Le Touquet-Côte d'Opale. Sacrée trajectoire qui fait saliver le jeune Macron !

Cotrel convainc vite ses acolytes que ce jeune homme au regard fiévreux, qui parle souvent d'argent et vante sur tous les tons prise de risque et réussite, est le poulain idéal à lancer dans la course à la mairie. Les conjurés l'invitent à une réunion de leur association Perspectives. Emmanuel Macron fourmille d'idées, de projets, d'ambitions pour cette ville du Touquet qu'il a si vite adoptée. Il se prend au jeu. Deux conciliabules plus tard, le voilà bombardé vice-président de Perspectives. Et tout ce petit monde se retrouve pour affiner le plan d'attaque de l'hôtel de ville dans un salon de réception de L'Escale, l'élégante brasserie située dans l'aéroport où Philippe Cotrel a ses habitudes. L'optimisme règne, tout semble prêt. Jusqu'à ce que l'ancien édile se tourne vers Emmanuel Macron : « Au fait, Emmanuel, on est au Touquet. Alors pour être candidat à la mairie, n'oublie pas d'adhérer à l'UMP... » Silence. Macron pâlit. Sa mâchoire se crispe. Il cherche ses mots : « Euh, mais, euh... non, non, non. Je ne veux pas d'étiquette politique. S'il faut adhérer à un parti, ce sera sans moi ! » Il oublie de préciser aux convives qu'une carte de parti, il en a déjà une ! Emmanuel Macron a adhéré à la fédération PS du Pas-de-Calais. Il faut dire qu'il ne s'y montre jamais. Pas une réunion de section, pas une prise de parole, pas une activité publique, il ne met jamais les pieds au PS. Pas un militant socialiste du coin n'a de souvenir d'Emmanuel. Il a bien payé sa cotisation, mais c'est tout. Il a donc déjà la carte d'un autre parti, presque par mégarde, et pour quelques mois encore. Avec ses nouveaux amis de Perspectives, Emmanuel Macron s'entraîne déjà à jouer double jeu. Comme il le fera dans la cour des grands en siphonnant, « en même temps », la gauche et la droite à la présidentielle de 2017 !

D'autant qu'un autre songe à mettre sur orbite ce jeune homme si prometteur... Léonce en personne. Pour les législatives de juin 2007, Deprez s'est résolu à transmettre son siège à Daniel Fasquelle. Il ne porte pas spécialement dans son cœur ce prof de droit plutôt brutal. Mais Fasquelle a un atout, c'est un fervent sarkozyste. Quelques mois plus tôt, en 2006, nul n'aurait pu s'opposer à l'investiture d'un des poulains de Nicolas Sarkozy, à la fois patron de l'UMP et ministre de l'Intérieur, qui lorgne avec avidité la succession de Jacques Chirac à l'Élysée, celle-ci ne semblant pas pouvoir lui échapper.

Pour le Palais-Bourbon, les jeux sont donc faits. C'est Daniel Fasquelle qui portera les couleurs de la droite dans la quatrième circonscription du Pas-de-Calais. Mais, pour la mairie, rien n'est bouclé. Léonce Deprez rechigne à céder au même son écharpe d'édile. Le vieil homme n'a pas toute confiance en cet héritier gourmand, prompt à tirer la couverture à lui. Il n'apprécie guère ses manières et redoute qu'une fois installé à la mairie, Fasquelle n'efface de la photo la trace de son illustre prédécesseur. Pour perpétuer son influence sur la vie locale, Léonce envisage de découper son héritage en deux. Diviser pour mieux régner, dans l'ombre, en quelque sorte. Le vieil homme se met donc en quête d'un autre successeur pour les municipales de mars 2008. Et il tombe vite, très vite, sous le charme d'Emmanuel Macron. La première rencontre entre les deux couples, Macron et Deprez, s'est tout bonnement déroulée… dans la rue.

« On les voyait souvent marcher côte à côte, tous les deux, main dans la main, lui légèrement devant, Brigitte un peu en retrait », se souvient Éliane, la veuve de Léonce Deprez. Démarche énergique, front haut, sourcils froncés, tout dans l'allure du jeune énarque impressionne le couple Deprez.

La rue, c'est aussi le domaine privilégié de Léonce.

Tous les dimanches matin, Monsieur le Maire arpente consciencieusement les artères de son fief, son épouse Éliane à son bras. En sortant de sa villa, le couple traverse la forêt, fait une halte à l'église Sainte-Jeanne-d'Arc, quadrille les rues commerçantes du centre ville, visite les allées du marché couvert et revient par le front de mer. Arrivé au terme d'un règne de près de quarante ans, Léonce connaît chaque famille du Touquet. La santé déclinante du grand-père, les affaires incertaines des enfants, les études des petits-enfants à Lille, Paris ou ailleurs, rien, absolument rien ne lui échappe. Il sait tout ou presque sur toutes les générations. Brigitte, il l'a vue grandir. C'est lui qui l'a mariée le 22 juin 1974 à André Auzière. Un quart de siècle plus tard, au début des années 2000, il a vu apparaître un jeune homme blond dans le sillage de Brigitte. Puis, le nouveau couple a commencé à s'afficher par petites touches, sur la plage, le long de la Canche, dans les rues du Touquet. Les Macron et les Deprez se sont fréquentés plus assidûment. Et le jeune Emmanuel est tombé sous le charme désuet de Léonce, cet aîné matois au regard doux dont les sages conseils l'ont aidé à s'orienter dans le maquis de la bourgeoisie touquettoise.

Sur la Côte d'Opale, Léonce Deprez est une institution, un phare, devenu maire pour la première fois en 1969, bien avant la naissance d'Emmanuel Macron, avant même que les parents du futur président se soient rencontrés.

Au début des années soixante, c'est le docteur Pouget qui fait appel aux services du jeune Léonce. Jules Pouget, maire depuis 1934, à l'exception d'une parenthèse de deux ans (de 1942 à 1944), durant laquelle il est incarcéré à Boulogne-sur-Mer par l'occupant allemand, a eu le mérite de piloter la reconstruction d'après guerre. Il a rebâti la digue, mais peine à relancer l'activité touristique. Les hôtels se morfondent, les restaurants sonnent creux. Alors le docteur Pouget mise sur cet entrepreneur dynamique pour sortir la station de sa torpeur. Deprez débarque de Béthune, à l'autre bout du département, précédé d'une réputation flatteuse. Là-bas, cet imprimeur à succès a mis son énergie au service de la reconversion du bassin minier du Pas-de-Calais. Le gaillard aime la bagarre, la compétition. Dynamique, athlète de haut niveau, Léonce Deprez fut même le gardien de but de l'équipe de France de football aux Jeux olympiques d'Helsinki de 1952 ! Un tantinet casse-cou, il s'empare de deux journaux locaux, *Les Échos du Touquet* et *Montreuil Hebdo*. Élu premier adjoint en 1965, il devient maire du Touquet quatre ans plus tard. Léonce a 42 ans et entreprend de bousculer la belle endormie. Avant qu'il en prenne les rênes, la station hibernait neuf mois de l'année. Fougueux, charmeur, Léonce va la réveiller et glaner ainsi le surnom de « maire des quatre saisons ». Sa maxime : « Chez nous, le soleil est un plus. On le cherche, on l'accueille, on en profite, mais ce n'est pas un moteur suffisant. » Alors, pour attirer du monde, Léonce se démène, organisant des événements tout au long de l'année. Il recrute un jeune pilote de rallye, Thierry Sabine, et lui confie le lancement de l'Enduro des sables, une grande course de motos partant de la piscine du Touquet pour aller jusqu'à Merlimont en passant par Stella-Plage, et en revenir par les dunes. La première édition a lieu en 1975. L'épreuve fait hurler une poignée d'écolos, à l'époque inaudibles, mais rameute sur les plages plusieurs centaines de milliers de spectateurs en plein hiver, un dimanche de février. Léonce encourage la construction de plusieurs hôtels, entame un bras de fer avec Lucien Barrière pour le dissuader de vendre le West, agrandit le tennis club, développe l'hippodrome et le centre équestre régional. Enfin, grande œuvre de son règne, il bâtit le palais de l'Europe. Ce centre de congrès accueille dans ses vastes et luxueux salons baptisés « Adenauer », « Schuman » ou « Churchill » toute une clientèle fortunée accourue de Grande-Bretagne, de Belgique ou des Pays-Bas. Séminaires, colloques, soirées de prestige se succèdent semaine après semaine. Bref, Léonce Deprez change le visage du Touquet qui devient en quelques décennies LA station résidentielle haut de gamme du nord de la France.

De droite, mais rétif à l'embrigadement, toujours soucieux de préserver sa liberté, il veille à résister à la pression des appareils politiques. Cette indépendance d'esprit lui fait manquer le portefeuille du Tourisme que Giscard songea, un temps, à lui confier dans les années soixante-dix. Au soir de sa carrière, Deprez est séduit par l'insouciance du jeune Macron. Un trentenaire audacieux, inventif, ambitieux et un rien provocateur, Léonce croit se reconnaître, avec quelques décennies de moins. De temps à autre, l'inspecteur des finances enfourche son vélo et vient lui rendre visite dans sa villa de la forêt. Il recueille les oracles du vieux sage. Léonce raconte. Emmanuel écoute, absorbe. Ses bonnes manières séduisent Éliane, l'épouse de Léonce. À chaque rencontre, Emmanuel prend soin de lui demander des nouvelles de tous ses enfants et petits-enfants. L'abondante tribu Deprez est disséminée dans toute l'Europe mais Macron accomplit cet exercice de haute voltige sans une erreur ni confusion. La vieille dame en soupire d'aise : « Il a une intelligence prodigieuse qui me rappelle Giscard, mais Macron, lui, il vous manifeste une attention de tous les instants... » Une fois ministre de l'Économie, le promu acceptera même de venir dispenser un petit cours de fiscalité à l'ensemble du clan, allant jusqu'à s'enquérir des préoccupations professionnelles de chacun des descendants. À l'automne 2006, Léonce perçoit en Emmanuel un successeur à sa hauteur. « Il était d'une autre dimension, se souvient Éliane Deprez. Au Touquet, il n'y avait personne d'autre du même niveau... »

Le maire propose une première fois la succession au petit prodige. Emmanuel élude, fait mine de ne pas vraiment comprendre. Sur la plage, le nom de Macron revient avec insistance. Il arrive jusqu'aux oreilles de L'Indien. « J'entends dire : "On a notre client, on va mettre Manu" », raconte Jean-Luc Van-Godtsenhoven, l'héritier des élégantes cabines VIC. L'Indien rencontre Macron rue Saint-Jean. Sa gouaille épate le jeune techno. « Ça infuse... » comme il dit, et les deux hommes, si dissemblables, sympathisent.

Léonce Deprez revient plusieurs fois à la charge. Insiste auprès d'Emmanuel, plaide inlassablement. Rien à faire. Macron refuse le legs, sans avancer pour autant d'argument probant. « En fait, ça ne l'intéressait pas, commente Éliane Deprez, il voyait déjà plus grand... » Un beau jour du printemps 2007, L'Indien voit débarquer Henry Hermand, son client de plus de trente ans, cet élégant octogénaire qui lui loue de belles chaises longues atlantiques. Il vient jusqu'à sa cabine et lui glisse : « Jean-Luc ne comptez pas sur Emmanuel, il a un autre destin. »

Ce destin national, papy Henry entend s'appliquer à le façonner. Emmanuel laisse donc la bourgeoisie touquettoise régler ses comptes au fond des urnes. En mars 2008, c'est finalement Daniel Fasquelle, déjà élu député l'année précédente, qui empoche la mairie au premier tour. Avec 66,7 % des voix, il écrase son concurrent de droite, Patrick Doussot, 18,4 %, ami de longue date des Trogneux qui a suppléé Emmanuel à la tête de la liste montée par l'association Perspectives. Avec l'onction de Léonce Deprez, ou celle de Philippe Cotrel, l'autre ancien maire, Emmanuel Macron aurait pu atterrir d'un côté comme de l'autre. Gagnant à tous coups. Il n'est finalement nulle part. Parce qu'il rêve déjà d'ailleurs.

La peur ? L'aigreur ? L'envie ? Est-ce parce que Daniel Fasquelle a redouté de se voir piquer le magot touquettois par ce brillant concurrent de quinze ans son cadet ? Parce qu'en dépit d'un poste de trésorier d'un parti, Les Républicains, perclus de dettes, Fasquelle n'a pas encore eu la carrière nationale à laquelle il aspire ? Ou encore parce que ce fidèle sarkozyste a suivi François Fillon jusqu'au bout de la débâcle de la présidentielle de 2017 ? Ou enfin parce que, quelques mois plus tard, sa candidature à la présidence des Républicains a avorté faute d'avoir obtenu le nombre suffisant de parrainages de cadres et parlementaires LR ? Toujours est-il que Daniel Fasquelle ne réussit pas à cacher l'animosité que lui inspire Emmanuel Macron… Question de tempérament sans doute. Le sien est assez sanguin. En public, il parvient à peu près à se tenir. En privé, il ne tarde pas à décocher ses flèches.

Le jeune Macron courtisé jadis par Léonce Deprez ? « Au Touquet, il y a 4 500 habitants. Si vous n'êtes pas approché au moins une fois, c'est que vous êtes vraiment très désagréable… », cingle Fasquelle. L'homme a tendance à considérer la ville comme son bien. Il n'apprécie guère qu'on le lui dispute. Trois ans après, il n'a toujours pas digéré que la fille de Brigitte, Tiphaine Auzière, se soit présentée contre lui aux élections législatives de 2017. Elle était la suppléante de Thibault Guilluy, le candidat de La République En Marche !

À l'époque, au soir de sa vie, Léonce Deprez lui-même a pris plaisir à couver, à distance, la tentative de Tiphaine. Avec sa gouaille et ses yeux farceurs, Grégoire Campion raconte en rigolant ce ralliement inattendu. En mai 2016, un an avant le scrutin, cet ancien concessionnaire devenu président de l'association Le Touquet en fête décide de lancer un comité En Marche ! pour aider son « pote ». Incontournable figure locale, Grégoire cultive une amitié de quinze ans avec Manu. À chaque passage de Macron au Touquet, les deux hommes se retrouvent une heure ou deux pour « refaire le monde autour d'un verre ». Ce jour de mai 2016, Grégoire et trois comparses échafaudent les plans du comité En Marche ! du Touquet au comptoir du Quento, le bar-PMU de la rue de Calais, lorsqu'un vieil homme pousse la porte du minuscule établissement : Léonce ! « Grégoire, je marche avec toi… », lui glisse l'ancien maire.

Campion en est resté bouche bée. Fatigué, Deprez n'apparaîtra guère au cours des campagnes électorales du printemps 2017. Juste assez pour glisser quelques signes d'affection et de soutien envers l'aventure des Marcheurs. Pas vraiment de quoi apaiser les aigreurs de Fasquelle.

Devancé au premier tour des législatives le 11 juin 2017, jusque dans sa commune du Touquet, le député sortant a senti le vent du boulet. Et n'a sauvé son siège de député que d'une poignée de voix une semaine plus tard. « Qu'il y ait un candidat LREM contre moi, d'accord, mais pas la belle-fille du président ! Pour quelqu'un qui se dit attaché au Touquet, Emmanuel Macron a commis une faute. J'étais très fâché. C'est une mauvaise manière qu'il m'a faite ! » Daniel Fasquelle n'en finit pas de grogner. Et dire que son épouse, avocate inscrite comme Tiphaine au barreau de Boulogne-sur-Mer, avait brodé des doudous pour la naissance des petits-enfants de Brigitte ! L'ingrate Tiphaine n'en a même pas tenu compte... À en croire Daniel Fasquelle, en poussant sa belle-fille au crime de lèse-député, Emmanuel Macron aurait rompu le Yalta touquettois scellé entre les deux hommes.

L'accusation fait sourire la belle-fille du président. « Il a vécu ça comme une agression... » Elle marque un temps. « Il faut reconnaître que Daniel Fasquelle vit beaucoup de choses comme des agressions. Il vit surtout mal le fait qu'Emmanuel prenne mieux la lumière que lui... » Trois ans plus tard, le chef de l'État s'est de nouveau amusé à jouer avec les nerfs de Daniel Fasquelle. Il a pris soin de recevoir à l'Élysée le candidat La République En Marche !

aux municipales de mars 2020, Olivier Lebreuilly, un boulanger industriel fraîchement débarqué dans le microcosme politique touquettois. « Une rencontre très intense » aux dires du prétendant à la mairie, qui s'est soldée par une photo tout sourire aux côtés du président. Le cliché a fait la Une de la presse locale et semé un peu plus la zizanie sur la Côte d'Opale. D'autant que deux membres du gouvernement, la secrétaire d'État auprès du ministre de l'Économie, Agnès Pannier-Runacher, et surtout le ministre du Budget, Gérald Darmanin, venu en voisin de Tourcoing, ont volé au secours du candidat marcheur. Darmanin, un ennemi juré de Fasquelle ! Tous deux sarkozystes, les deux hommes se sont déchirés lors du ralliement du premier à Emmanuel Macron. Fasquelle poursuivant même le nouveau ministre du Budget en diffamation après la divulgation, en juin 2017, d'un SMS courroucé de Darmanin : « Bonjour Daniel, cela fait plusieurs fois que je lis des messages très loin d'être sympathiques sur moi. Faut-il que je soutienne le candidat En Marche ! dans ta circonscription ? Ou bien que je publie les lettres de demandes d'interventions fiscales que tu m'envoies depuis ma nomination ? »

La menace avait fait sortir Daniel Fasquelle de ses gonds. Trois ans plus tard, il a vécu le coup de main de Gérald Darmanin à son adversaire aux municipales comme un nouveau coup de poignard. Comme si la Macronie voulait lui signifier qu'après avoir été la ville de Léonce, Le Touquet était devenu celle d'Emmanuel. Mais que, quel que soit le verdict des urnes, elle ne serait jamais vraiment celle de Daniel.

« Emmanuel », c'est pour lui que sa belle-fille s'est engagée. Fascinée par la capacité de travail de son beau-père, elle se plie à ses exigences : « Emmanuel, quand on s'engage, il veut qu'on le fasse à fond ! » Alors la jeune trentenaire, aussi blonde et menue que sa mère, s'engage à fond ! Dès la présidentielle, elle ouvre une permanence au Touquet et se met à faire la campagne du candidat Macron. Elle en garde un souvenir amusé : « À l'époque, des Touquettois me jetaient les tracts au visage en me disant qu'Emmanuel était trop gaucho… » Trois ans plus tard, le malentendu est dissipé. Depuis, Tiphaine a pris en main les destinées locales de La République En Marche ! et « tourne sur ce territoire » qu'elle « adore » – son leitmotiv – pour y implanter le mouvement. Après de brillantes études à La Pro, le lycée où enseignait sa mère, puis à Paris où elle a passé son diplôme d'avocate, n'est-elle pas revenue s'installer à Saint-Josse, ce hameau d'un millier d'âmes situé, par-delà Étaples, à une dizaine de kilomètres du Touquet ?

C'est là que cette jeune mère énergique se partage entre sa carrière d'avocate, ses « deux petits bouts » de 4 et 6 ans, ses activités sportives (cheval, VTT, jogging, etc.) et le militantisme au service d'« un homme » : Emmanuel. Tractages, porte-à-porte, réunions publiques, tout est bon pour défendre l'action du gouvernement et les couleurs de La République En Marche ! Sur cette terre de gens bien élevés, les tensions nationales finissent par s'évanouir. Ainsi Tiphaine a-t-elle pu co-animer à Saint-Josse, le vendredi 22 février 2019, dans le cadre du « grand débat national », une réunion animée mais courtoise. Deux cent cinquante personnes – dont quarante Gilets jaunes –, sans que les échanges tournent au pugilat.

Un exercice que la belle-fille du président a ouvert par une citation de Bernanos : « Ce sont les démocrates qui font la démocratie, c'est le citoyen qui fait la République. » Et qu'elle a poursuivi en conservant le même flegme sous la mitraille des interpellations. Comme celle de Serge, retraité venu de Berck en gilet jaune : « Quand on voit ce que touchent les politiques en retraite quand ils quittent leur fonction, ce n'est pas normal… Des gens travaillent quarante-deux ans pour gagner 1 000 euros ! Vous devriez en causer dans une discussion familiale ! » « Je comprends, je comprends… », a murmuré Tiphaine.

Dans le Touquettois, Tiphaine est à la fois devenue les yeux et les oreilles du président. Elle y fait défiler les ministres et pontes de la majorité, comme le haut-commissaire Jean-Paul Delevoye, lui-même ancien élu du Pas-de-Calais, venu démêler les mystères de sa réforme des retraites quelques semaines avant de devoir quitter le gouvernement. Elle alerte le chef de l'État de la situation d'une foultitude de dossiers locaux. Le projet de lycée d'excellence, le devenir de la clinique d'Hesdin menacée de fermeture, les soubresauts du commerce local, Tiphaine écoute, s'active et prévient. Elle pilonne « Emmanuel » de messages pressés et de textos urgents. « On me demande de faire remonter les messages, je le fais ! »

À défaut d'entamer une carrière d'élu local, Emmanuel Macron pèse sur les dossiers du coin perpétuant sa réputation d'« enfant du Touquet ». Éliane Deprez se réjouit : « Il a une mémoire prodigieuse, se souvient de tout le monde, reconnaît tous les visages. » Comme Léonce en son temps. Dans leur villa de la forêt, la vieille dame élégante de 90 ans entretient le souvenir de son époux, décédé en juillet 2017. Des photos-souvenirs constellent les murs de cette ancienne résidence de vacances où le couple a fini par s'installer définitivement. Des portraits, des bibelots, des livres et publications à foison sont autant de réminiscences de leurs… soixante-six ans de vie commune ! C'est là que le dimanche 14 mai 2017, Léonce avait passé une de ses dernières journées devant la télé. Confortablement installé dans son fauteuil, au milieu du salon, Léonce n'a pas raté une miette de l'investiture du huitième président de la Ve République. Des heures devant l'écran et une petite larme d'émotion au passage. Avant de s'éteindre, moins de deux mois plus tard, le 7 juillet 2017, il a quand même eu le temps de souffler à son épouse : « Éliane, oh là là, Macron devrait faire attention, ça va trop vite, beaucoup trop vite… » Deux ans après, la vieille dame a eu un accident cardiaque. Elle a été transportée en urgence à l'hôpital de Boulogne-sur-Mer. À peine arrivée, les infirmières se sont mises à la bombarder de questions pour la maintenir en éveil : « Oh, madame Deprez, il paraît que vous connaissez bien le président ? Il est comment en vrai ? Et Brigitte ? Elle est gentille, Brigitte ? » Éliane en sourit paisiblement : « Non mais, vous vous rendez compte ? Pour m'accrocher à la vie, elles me parlaient de Macron, encore et tout le temps Macron… »

CHAPITRE VI

Manu et Bibi en week-end sur la Côte…

C'est un coup de fil de la sécurité de l'Élysée : « Le patron vient dîner. » Gilbert Fauquemberg raccroche, enchanté de la nouvelle et flatté d'être mis dans la confidence. Il faut tout faire pour que le secret ne s'ébruite pas. Mais Gilbert prévient tout de même Faustine pour qu'elle se prépare. Pas simple pour la jeune chef de L'Atelier éphémère, 28 ans à peine, d'apprendre qu'elle va cuisiner ce soir même pour le président de la République et la Première dame. Gare au coup de stress. Ce samedi 24 novembre 2019, le couple est attendu dans le restaurant cosy du début de la rue Saint-Jean, côté mer, un lieu que le Westminster recommande désormais à ses clients gourmets. La sœur de Brigitte Macron l'a déjà testé. Elle a apprécié ses plats raffinés et l'atmosphère chaleureuse, ses rideaux rouges, ses tables en bois, ses fauteuils en velours. Bien plus intimiste que la salle à manger guindée du Château ! Ce soir d'automne, Emmanuel Macron n'a d'ailleurs pas souhaité que soit « privatisée » la salle de soixante couverts. Le chef de l'État est à l'affût de ces moments bénis où il peut mesurer sa cote de popularité en bonne compagnie. Au vu du cadre, et des tarifs, l'endroit est garanti sans Gilet jaune. Il n'empêche que la veille de la visite présidentielle, deux hommes des services de sécurité sont venus en repérage, ont inspecté les issues de secours. Noté que le grand bar pouvait servir, au cas où, de bouclier. « Sa garde rapprochée a dîné incognito », confie Gilbert Fauquemberg.

C'est le serveur préféré, presque attitré, du président. Un bail qu'ils se connaissent, Gilbert et Manu. Le costaud, moustache grise, yeux bleus, cheveux gominés, en impose. Sa carrure de rugbyman dissimule un amour de Ch'ti. Emmanuel ne faisait pas de politique et n'était encore qu'un banquier d'affaires chez Rothschild quand il a rencontré Gilbert. Leur complicité est née au fil des week-ends à la brasserie des Sports, le cœur battant de la station, ouvert quasiment vingt-quatre heures sur vingt-quatre, 365 jours par an. Le haut lieu de la fête touquettoise, accessible comme un refuge de haute montagne à 4 heures du matin. La cantine du couple présidentiel jusqu'au récent départ de l'ami Gilbert, au bout de près de quarante ans de maison ! Depuis sa voiture, « Monsieur Macron » téléphonait vers 22 heures le vendredi : « Je suis en route, réservez-moi la 10 », demandait-il comme tous ces proprios surbookés la semaine qui débarquent tard de Paris et réclament leur table attitrée. Juste le temps de poser les valises, de chauffer la maison, avant de filer aux Sports déguster une sole préparée sans la tête, arrosée d'un verre de chablis. Et de retrouver les copains : « On fait un tennis samedi ? » « Vous dînez à la maison ? » C'est ici que, durant de longues années, s'organisait le programme de week-end touquettois du couple

Macron. C'est ici aussi, en ce haut lieu de la vie nocturne locale, que défilait le show bizz venant dans la station de la Côte d'Opale : PPDA, Philippe Noiret, Yves Mourousi, Jean Rochefort, Jean-Louis Debré... Serge Gainsbourg griffonnait des paroles sur les nappes, Jean Yanne certifiait que « le meilleur sport pratiqué ici, c'est celui des mâchoires ». Sur les murs du salon VIP, un florilège des noms des présidents de passage a été encadré : Xavier Bertrand, le président de la région Hauts-de-France ; Nicolas Sarkozy, l'ancien président de la République, Emmanuel Macron, l'actuel, et puis au beau milieu des politiques trône un certain... Guy Marie, le président d'une usine située du côté d'Arras qui a son rond de serviette aux Sports : « On s'est lié d'amitié, s'amuse Gilbert, alors on l'a mis là avec les autres ! »

Aux Sports, la numéro 10, c'est la table la plus sympa. La mieux placée face à l'interminable comptoir en bois. Celle où Emmanuel peut voir et être vu. Observer le personnel qui s'affaire pendant le coup de feu : « Un tartare à la 12 ! » Savourer la gouaille de Coco, le chef de rang ; de Joël, de Ludo, les serveurs qui font le show en flambant les crêpes Suzette. L'énarque aime humer cette ambiance familiale – on se vanne, on se tutoie, on parle fort – en décortiquant ses crevettes grises et en buvant un coup de blanc. « Bientôt je ne vais plus servir, je prends ma retraite », lui annonce un jour Ludo, bien avant que la réforme « systémique » ne paralyse le pays. « Je m'occuperai de ton cas, lui rétorque Macron l'enjôleur, alors ministre de l'Économie. Ne crois pas que tu vas partir comme ça, on a besoin de toi ! » Aux Sports, en causant avec le personnel, Manu se sent à tu et à toi avec le peuple. Il aime la déco rustique de cet établissement créé en 1911, avec ses poutres, ses banquettes en cuir rouge, ses tireuses à la pression.

Et ses anecdotes abracadabrantes qu'on ne raconte qu'ici. Ses petites histoires qui font partie de la grande. Comme ce soir où les propriétaires des Sports, Sophie et Laurent Bruloy, dînant à la table voisine du couple Macron pour papoter comme ils aiment le faire, la discussion a dévié sur un scoop local complètement farfelu. « Vous saviez que le général de Gaulle est venu chez Joël ? » interroge Laurent. Emmanuel qui pensait tout connaître de la vie du Général écarquille les yeux : « Hein, chez Joël, le serveur ? C'est quoi cette histoire ? » Sophie embraye toute contente d'avoir piqué la curiosité d'Emmanuel : « Ben oui, Joël avait quinze frères et sœurs ! » Et là, c'est au tour de Brigitte d'écarquiller les yeux : « Mais c'est impossible ! » Les Bruloy en rajoutent une louche : « Si, si, on croit même qu'il en avait dix-huit ! » Le couple Macron cherche quel peut bien être le rapport entre Jojo et de Gaulle. Dans les années soixante, le Général parrainait les familles nombreuses à partir du treizième enfant. Le chef de l'État débarquait avec son chauffeur en DS, le coffre rempli de cadeaux et de couches... Et décernait la médaille d'or de la Famille française à la mère. « C'est comme ça que le général de Gaulle est venu chez la mère de Joël ! » conclut Laurent, pas peu fier de son petit effet. C'est pour ce genre de récits pittoresques que Macron raffole des Sports. Aux Sports, il s'achète un ticket d'entrée chez ceux qui lui parlent si bien des vraies gens.

Nicolas Sarkozy vénérait la France qui se lève tôt. Le président Macron aime ce Touquet qui se couche tard. Ces serveurs qui bossent jusqu'au bout de la nuit. C'est sans doute ça qu'il apprécie le plus chez Gilbert : la force de travail de cet homme qui s'est fait tout seul. Embauché en 1983 comme commis de cuisine par Jeannette et Marcel Desseaux – le couple qui a insufflé aux Sports son atmosphère bon enfant –, il en a épluché des patates, lavé des salades avant de grimper les échelons. « À l'époque, on ne fermait jamais. Jeannette travaillait toute la nuit, raconte Gilbert. Quand les femmes de ménage venaient, on mettait les clients dans un coin de la salle ! » À la mort de Jeannette, Marcel lui demande de passer en salle. Gilbert monte son équipe. Défi relevé. Il est promu directeur commercial. Toujours chic dans son costume bleu nuit, à la tête d'une trentaine de personnes, il continue à préparer ses fameux tartares. « J'ai passé plus de temps aux Sports qu'à la maison avec mon épouse, confie l'ancien cuistot devenu le maillon fort de toute une brigade. Les rares fois où on a fermé, c'était pour travaux. Les habitués savaient que deux ou trois jours par an, on s'arrêtait pour revernir le bar. Et c'est moi qui m'y collais. Je ponçais, je vernissais ; je ponçais, je vernissais ! »

Cette abnégation enchante le libéral Manu, admiratif de ces self-made men qui ont voué leur vie à la valeur travail. Et se dépensent sans compter, ni se plaindre. Emmanuel écoute, s'intéresse. « Il ne fait jamais semblant », confie Gilbert sous le charme de ce client si singulier. Il a observé pendant des années ce jeune homme, en âge de faire la fête comme le reste de la clientèle des Sports, rentrer sagement avant les douze coups de minuit, à la Monéjan pour potasser ses cours de l'Ena d'abord, puis ses dossiers d'inspecteur des finances, et enfin de banquier.

Aux Sports, Gilbert, Ludo, Joël… ont vu la jeune Tiphaine, la fille de Brigitte, faire la fiesta aux soirées organisées par le hockey club dont son mari est un pilier. Ils ont scruté du coin de l'œil Jean-Alexandre, le neveu de Brigitte, en train de s'éclater. Mais ils n'ont jamais surpris Macron se lâcher. Ne l'ont jamais entendu beugler du Patrick Sébastien : « Ah ! Qu'est-ce qu'on est serrées au fond de cette boîte, chantent les sardines, chantent les sardines ! »… Ne l'ont jamais vu s'accrocher aux lustres de la brasserie comme les clients enivrés ; n'ont jamais vu Brigitte debout sur les banquettes percer le cuir, comme les fêtardes éméchées, avec leurs talons aiguilles ! Le radiologue du Touquet peut bien danser sur la table, Macron jamais ! Quand la bringue bat son plein au cœur de la station, une lumière scintille à 1 heure du matin à l'autre bout de la rue Saint-Jean, au premier étage de la Monéjan. C'est le bureau d'Emmanuel. Il bosse, compile, réfléchit. « J'ai épousé Jeanne d'Arc ! » plaisante Brigitte auprès des Bruloy. Le couple a vendu les Sports en 2016 et ouvert Marcel, le bar lounge où la Première dame aime venir boire un cocktail, à deux pas du West et de sa villa. Laurent Bruloy n'est pas loin de penser la même chose qu'elle. Macron est tellement différent : « Emmanuel a un disque dur qui fonctionne à toute vitesse. On le sent investi d'une croyance. » Et d'abord en lui-même.

En gage de fidélité à son Gilbert, Emmanuel a renoncé aux Sports. Déserté l'établissement comme nombre d'habitués qui, comme lui, se lamentent : « Les Sports sans Gilbert, ce n'est plus les Sports ! » Fini les dîners à la 10 avec Brigitte. Ce samedi 24 novembre 2019, Gilbert attend donc fébrilement le couple sur le seuil de L'Atelier éphémère. « Super ému » que le président ait préféré venir le voir lui, quitte à renoncer à ses proustiennes crevettes et à son verre de chablis du vendredi soir. Manu le salue, Brigitte lui fait la bise. En découvrant la silhouette émaciée de Gilbert, le président marque un temps. Il hausse le sourcil et demande discrètement : « J'ai appris que tu avais quitté les Sports, que s'est-il passé ? » Gilbert la lui fait courte de peur d'ennuyer le chef de l'État avec ses tracas. En quelques minutes, il résume tout bas : nouveaux propriétaires qui selon lui n'ont rien compris à l'esprit de la brasserie, qui ont poussé les murs pour s'agrandir sans mesure quitte à négliger l'atmosphère d'entre-soi cosy, dix-sept kilos de perdus, mais procès gagné aux prud'hommes. Gilbert n'est pas encore remis. Il faut dire qu'il s'est même vu accuser de détournement de clientèle par ses anciens patrons. Il sourit en se disant que la venue du couple présidentiel ne va pas arranger son cas... Brigitte tombe des nues, s'offusque de la brutalité de son éviction. Elle lui prend les mains pour le réconforter. En bon père de la nation, Emmanuel rassure, s'adressant à son pote autant qu'à lui-même : « Ne vous inquiétez pas, les idiots finissent toujours par perdre à la fin ! »

Revigoré par cet aphorisme typiquement macronien, Gilbert invite Emmanuel, la Première dame accompagnée de sa fille Tiphaine à s'installer autour de la table ronde.

Changement d'ambiance. Lumière tamisée. À L'Atelier, on ne grimpe pas sur les tables, on les éclaire à la bougie. Ils choisissent à la carte : gravlax de saumon anisé accompagné de son fromage blanc aux herbes en entrée (14 euros), foie gras de canard maison mi-cuit, avec chutney de mangues et confiture d'oignon à l'ancienne, en plat principal (17 euros). Pas assez d'appétit pour s'attaquer dès ce soir à la spécialité de Gilbert, le cœur de filet de bœuf flambé au bourbon et poivre (34 euros), ce sera pour une prochaine fois...

Leurs voisins les ont vite repérés. Les chuchotements commencent : « Tu crois qu'on peut ? » « J'ose pas, vas-y toi... » Puis se jettent à l'eau : « On peut vous demander un selfie ? » Avec plaisir ! C'est dit si gentiment. À la table d'à côté, un people les observe. Un ancien client des Sports qui, lui aussi, s'est retranché dans ce resto à la mode. Décidément, Le Touquet est un village. C'est l'animateur Cauet qui y a une maison et vote dans le même bureau que les Macron. Tiphaine ouvre la discussion : « C'est bien ce que vous faites pour la petite Brune. » La belle-fille du président est évidemment au courant. Tout Le Touquet le sait. L'animateur vedette de la radio NRJ a lancé une cagnotte pour sauver une petite Touquettoise âgée de 2 ans et demi, atteinte d'une maladie orpheline qui attaque les reins. Un traitement aux États-Unis pourrait peut-être la sauver, mais la facture s'élève à 1 million d'euros. Trop cher pour cette famille modeste. En découvrant cette histoire émouvante, Emmanuel a l'air préoccupé : « Qu'est-ce qu'on peut faire ? » s'inquiète-t-il. Décontenancé, l'animateur le plus ch'ti de la bande FM répond : « Ben j'sais pas, c'est vous le président ! »

Ils s'échangent leur 06, le chef de l'État promet de « suivre de près le dossier » pour « faire avancer les choses ». Pour l'instant, pas de nouvelles de l'Élysée, que Cauet compte relancer.

Plus jamais de répit. Pas vraiment de repos. Les week-ends au Touquet ne sont plus aussi sereins, aussi relaxants depuis qu'Emmanuel Macron a été élu président en mai 2017. Le couple vient moins souvent qu'à l'époque où Brigitte était prof de lettres et son mari banquier chez Rothschild. Ils étaient là presque un week-end sur deux. Manu partait faire un tennis tranquille. Pas encore flanqué de gardes du corps, ni protégé des regards par des bâches tendues sur le court de terre battue. Quelques années plus tard, le samedi matin, jour de marché, quand les Touquettois poireautaient devant les étals de crabes, de tourteaux, de coquilles Saint-Jacques, ils pouvaient apercevoir celui qui n'était encore que ministre de l'Économie, installé chez Ghesquière, le salon de thé de la rue Saint-Jean. C'était encore gérable. On lui fichait la paix. Instants bénis. Brigitte, elle, se baladait à vélo presque incognito. Jouait les mamies gâteaux. Faisait une razzia dans la boutique Petit Bateau. Ses emplettes à la maison de la presse où elle achetait des gommettes et des livres pour ses petits-enfants. Et au Chat bleu, où elle se ravitaillait en chocolats. Main dans la main, qu'il vente ou qu'il bruine, Brigitte et Emmanuel « se faisaient une digue », comme on dit au Touquet quand on s'en va longer le front de mer. Mais aussi d'interminables promenades sur les sentiers de la baie de Canche jusqu'à Cucq. Un panorama à couper le souffle, une vue imprenable sur des centaines d'hectares sauvages. Un paradis végétal et animal classé réserve naturelle depuis 1987. « Le parcours est magnifique ! » sourit la Première dame, les yeux dans le vague, dans son bureau élyséen, comme si, d'un coup, elle était repartie là-bas. Foulant les dunes, passant entre les mares et les chenaux, snifant l'air iodé comme si elle était en manque. « Quand on rentre du Touquet, on revient en pleine forme. On marche beaucoup, on est très moules frites, nous confie-t-elle. On adore manger chez Joël, à côté des Sports. C'est lui qui fait les meilleures crêpes ! Les amis de mon gendre médecin, partis s'installer à Lille, reviennent ici pour la qualité de vie. Le Touquet me manque, ça n'est pas tant la maison, j'ai un lien physique avec cet endroit. Ce n'est pas la même respiration, c'est bon pour le moral. »

Mais depuis trois ans, l'air n'est plus tout à fait aussi léger qu'un tube de la Compagnie créole ! Le couple présidentiel vient moins souvent. Il faut les trouver, les week-ends ou les quelques jours de vacances quand on dirige la France ! L'agenda de madame se cale désormais sur celui de monsieur : quand le président part en voyage officiel à l'étranger sans elle et qu'il est obligé d'y dormir, Brigitte en profite pour faire seule un break au Touquet. Elle y retrouve Tiphaine, la cadette, avec Antoine son compagnon médecin, et leurs deux enfants Élise et Aurèle. Elle passe du temps en famille avec ses frères et sœurs qui possèdent tous une maison au Touquet. « Ils se sont mis au golf, nous confie Brigitte sur le ton de la confidence. Moi je fais du sport, des abdos, du vélo. » En descendant de chez elle,

elle passe parfois une tête chez Cape Cod, la boutique de fringues accolée à la maison, installée dans l'ancien garage de la Monéjan. Depuis une douzaine d'années, elle en loue les murs à Fabrice Cassez. Au moment de partir faire du vélo, il arrive à la Première dame de lui acheter une combinaison ou une petite veste sportswear. Et de s'esclaffer en partant : « Je vais faire une balade, avec le monde qu'il y a, ça va te faire de la pub ! »

Brigitte invite aussi ses vieilles copines d'Amiens à se faire une dînette à la Monéjan. Fin août 2019, elle a pris un verre sur le front de mer avec « Monsieur Patrimoine », son ami Stéphane Bern. Ils venaient d'inaugurer ensemble le tout nouveau centre Azincourt 1415, un musée commémorant le souvenir de cette bataille qui fut la plus terrible défaite française de la guerre de Cent Ans. Comme souvent, Stéphane Bern est intarissable pour raconter ce funeste 24 octobre 1415, le jour où la lourde cavalerie emmenée par le connétable de France Charles Ier d'Albret fut enfoncée dans une clairière par les archers et les troupes pourtant moins nombreuses du roi d'Angleterre Henri V ! La petite bande, dans laquelle Brigitte a embarqué le ministre des Collectivités territoriales, Sébastien Lecornu, présent à l'inauguration, se retrouve le soir, sur la digue, où s'installent pour l'été des bars éphémères qui mettent l'ambiance. « C'était un peu *just* », soupire Brigitte qui n'a pas trouvé les plats à la hauteur et en profite pour... caser dans la conversation un de ces anglicismes qu'elle adore.

En solo, Brigitte se sent plus libre. Quand Emmanuel est là, tout devient si compliqué ! À peine la berline présidentielle a-t-elle franchi le pont rose qui conduit au centre ville, les Macron sont déjà grillés. Deux camions de CRS postés devant la Monéjan, des chiens renifleurs, des barrières rue Saint-Jean, des panneaux signalant l'arrêté interdisant la circulation... tout le monde a compris. Les voilà qui débarquent. Et c'est le bordel ! Une grossièreté que vous n'entendrez jamais dans la bouche de la Première dame qui préfère utiliser une expression plus élégante, certes, mais sortie de nulle part : « Quand on arrive, c'est la foire aux pains d'épices ! » Il a fallu mener une longue enquête pour découvrir que cette formule *old school* renvoie à la foire du Trône, à Paris, dont elle fut l'ancien nom à la fin du XIXe siècle, et fut accolée il y a quelques années à une foire organisée à Amiens. Un vocabulaire kitsch et suranné qui ressemble tellement à celui de son époux, lui qui raffole d'expressions telles que « poudre de perlimpinpin » ou « carabistouille » !

Idéalement située dans le « Triangle d'or », la villa Monéjan est devenue une attraction pour touristes et un casse-tête pour la sécurité. Très centrale, trop même. Impossible de la louper lorsqu'on quitte la plage en fin d'après-midi pour faire un peu de lèche-vitrines et boire une coupe au West « Je suis ennuyée pour mes petits-enfants, nous confie mamie Brigitte. Quand nous sortons, ils se font photographier par les paparazzis. Leurs visages sont floutés, mais ils ont pris l'habitude des objectifs. J'en ai trois nés en 2003, ils sont très drôles. Ils commencent à saluer la foule, à faire un petit geste de la main à la manière de la reine d'Angleterre. Je les arrête tout de suite et je leur dis : "Ah non, il n'en est pas question !" » Pas question que ses petits-enfants se la jouent George, Charlotte et Louis, les rejetons du couple princier William et Kate. Déjà que son président de mari a une fâcheuse tendance à se comparer à Jupiter, il ne manquerait plus qu'il se prenne pour la reine d'Angleterre !

Forcément, au vu de l'affluence des badauds et des encombrements qui vont avec, il arrive que les gendarmes fassent un peu de zèle. Notamment lorsqu'en février, l'Enduro, la compétition de motos créée par Thierry Sabine en 1975, draine des dizaines de milliers de concurrents. Fabrice, le gérant de la boutique Cape Cod, passe un coup de fil à Brigitte, qui se dépêche d'ordonner aux gendarmes d'alléger un peu le dispositif et de reculer les barrières de sécurité pour que la foule puisse circuler.

Le bruit a couru que Brigitte allait vendre la Monéjan et se réfugier dans une villa cachée dans la forêt. C'est vrai qu'elle a songé à trouver une adresse plus discrète, mais elle y a renoncé tant elle est attachée à la maison de son enfance. Son cocon familial, l'antre de sa vie privée. Même son directeur et son chef de cabinet qui l'ont entendue si souvent leur parler de la villa n'y ont jamais été conviés. Quand il ne sort pas dîner, le couple se retranche dans l'intimité, fuit les mondanités. « Je ne l'ai jamais vu à aucun événement de la vie locale, pas même à un concert des Piano Folies, ni lui ni Brigitte, persifle l'ex-maire Daniel Fasquelle. On ne fréquente pas le même monde. »

La Première dame s'est habituée à ce que la boîte aux lettres de la Monéjan déborde de courriers de Touquettois l'interpellant elle et le président sur leurs difficultés. Des chômeurs, des malades, des handicapés… qui comptent en dernier recours sur cette proximité géographique pour que leurs cas remontent au sommet. À lui, on précise : « Je vous écris de la part d'Untel que vous apercevez souvent au tennis et j'aurais besoin de… » À elle, on explique : « Je vous écris de la part d'Unetelle que vous avez croisée enfant à La Joie de vivre. » Tiphaine le plus souvent, parfois sa sœur Laurence viennent relever le courrier qu'elles font suivre à l'Élysée.

Lui aussi s'est fait à cette notoriété qui le galvanise jusque sur la plage. Il serre des mains, fait la bise. Toujours disponible. Une estivante lui demande un selfie devant la cahute VIC où siège Jean-Luc Van-Godtsenhoven. Macron fait « Cheese » pour la photo. « C'était une cliente à moi, une Parisienne qui habite le VIIe, raconte L'Indien. Elle était toute contente de compléter sa collection. Elle avait déjà dans son smartphone un selfie avec Manu à Paris. Il a toujours été comme ça, Manu ! Il tutoie, il n'a pas changé. Il se comporte de la même manière avec la bourgeoise, le flic, le PDG, le dentiste, le plongeur dans les cuisines. C'est comme ça qu'il a monté l'esprit En Marche ! »

C'est son truc à Manu. Se rassurer avec les bains de foule et se revigorer avec les bains de mer. Argumenter en buvant un verre de rosé sur la digue. « C'est un plaisir d'échanger », raconte Patrick Doussot, l'ancien avocat et ami des Trogneux, devenu vice-président de l'Office du tourisme du Touquet, conquis par Manu qui lui a gentiment confié une mission dans le cadre des JO de 2024 à Paris. « Emmanuel vous interroge : “Qu'est-ce que tu penses de ça ?" Il écoute, il discute, fait comme un chef étoilé qui prend tous les ingrédients et améliore le produit. »

Tel un Alain Ducasse du Plazza Athénée qui affiche ses trois étoiles au Michelin, le président est difficile à approcher. Toujours entouré de sa garde rapprochée, même dans les moments relax où il se détend sur la plage avec Brigitte et ses petits-enfants en train de faire des châteaux de sable. Longtemps couvé par son fidèle Alexandre Benalla. Jusqu'à ce que son incontrôlable « monsieur sécurité » soit licencié pour « manquement grave à ses devoirs professionnels » en juillet 2018. Le chargé de mission à l'Élysée qui tabassait les opposants dans les manifs, dressait un cordon sanitaire comme si la plage du Touquet, c'était les Champs-Élysées un 14 juillet. C'est ce qu'a constaté, stupéfait, l'ancien rédacteur en chef de l'hebdo *L'Écho de la Lys*, Patrick Saudemont, qui a publié des beaux livres sur la station et connaît Emmanuel – sa belle-sœur, Caroline Saudemont, maire d'Arcq, a soutenu la campagne du candidat Macron qui, une fois élu président, lui a décerné la Légion d'honneur. Un après-midi d'été, Patrick repère le président en caleçon de bain. Tout naturellement, il s'approche pour lui dire bonjour. Alexandre Benalla se pointe vers lui et l'arrête d'un ton sec : « Laissez-les en famille ! » Patrick Saudemont commence à s'éloigner mais s'arrête en voyant que sa fille qui s'attarde sur la plage ne l'a pas encore suivi. Benalla menace lourdement : « Ne restez pas là, dégagez, vous allez attirer l'attention ! » Patrick s'en est allé. Dépité. D'autres ont eu plus de bol. Ces chanceux-là se reconnaissent entre eux. Ils se pavanent dans les rues du Touquet en dégainant leur smartphone pour exhiber leurs selfies avec Manu. Patrick Saudemont en sourit : « Ils sont tellement heureux... Comme s'ils avaient croisé Johnny ! » Ou mieux encore, le messie... de la Côte d'Opale.

CHAPITRE VII

Le forcené du tennis club

« Où il est Stan ? Où il est Stan ? » Emmanuel Macron tourne la tête en tous sens. Jusque-là, le président était radieux. Tout à coup, le temps tourne à l'orage. De gros nuages assombrissent son regard. Il cherche quelqu'un à travers le vaste salon Murat de l'Élysée. « Où est Stan ? Vous n'avez pas vu Stan ? »

Ce mardi 12 novembre 2019 en fin d'après-midi, Emmanuel Macron a pourtant toutes les raisons d'être heureux comme un gamin. Lui, l'amoureux du sport, le fan de la petite balle jaune, reçoit à l'Élysée une bande d'héroïnes qui viennent d'écrire l'une de plus belles pages d'histoire du tennis tricolore.

L'équipe de France féminine tout juste de retour du bout du monde, en Australie, où elle a remporté deux jours plus tôt la Fed Cup. Après 1997 et 2003, ce n'est que la troisième fois que la France décroche ce prestigieux trophée, la plus importante compétition par équipe. Et elle l'a fait de l'autre côté du globe, au terme d'une finale mémorable remportée de justesse face à l'équipe d'Australie qui jouait à domicile. Sacré exploit !

Alors ce soir-là, au 55, rue du Faubourg-Saint-Honoré, l'ambiance est euphorique. Emmanuel Macron se laisse submerger par son âme d'enfant... chasseur d'autographes. Il n'avait que 14 ans lorsque la bande de Noah triompha des États-Unis en finale de la Coupe Davis. Une performance historique, cinquante-neuf ans après le dernier succès des Mousquetaires, en 1932. Pete Sampras et André Agassi terrassés par Henri Leconte et Guy Forget et toute la bande des joueurs français se trémoussant au rythme de *Saga Africa* dans un palais des sports de Lyon, ivre de bonheur. À Amiens, ces images-là, entrées à jamais dans l'histoire du sport français, ont bercé l'adolescence du jeune Emmanuel, le nez collé devant son poste de télé durant de longues heures.

Vingt-huit ans après ce triomphe tricolore masculin, lorsqu'il s'agit de recevoir leurs homologues féminines elles aussi couronnées de gloire, le président a comme des résurgences d'enthousiasme juvénile...

Quelques minutes plus tôt, il faisait déjà nuit lorsqu'il a descendu quatre à quatre les marches du perron de l'Élysée pour accueillir l'équipe qui s'avance dans la cour. En tête de l'escouade triomphante, le président de la Fédération, Bernard Giudicelli, solide gaillard au crâne dégarni, la mine joviale et la bedaine du sexagénaire bien portant. À ses côtés, le capitaine de l'équipe, l'ancien joueur Julien Benneteau, approche en claudiquant sur des béquilles. Le dimanche soir, à Perth, il s'est cassé le pied gauche pendant la fête arrosant la victoire. Une danse endiablée, le pied gauche qui se coince dans la moquette, l'accident bête.

Bienveillant, Emmanuel Macron tapote l'épaule du blessé. Et derrière les deux hommes, les cinq joueuses, qui arrivent en rangs serrés, Alizée Cornet, Caroline Garcia, Pauline Parmentier, Fiona Ferro et Kristina Mladenovic. Toutes vêtues de petites robes, perchées sur de hauts talons qui les font un peu tituber sur le gravier.

Une photo de groupe sur le perron, les championnes au premier plan, leurs familles derrière, les invités du président à l'arrière-plan, et la petite troupe s'engouffre à l'intérieur du Château.

Une fois, dans le salon Murat, cette spacieuse salle de réception où le Conseil des ministres doit se tenir le lendemain matin, les joueuses s'alignent, dos à la grande fenêtre qui donne sur le jardin. Le patron de la Fédération et le capitaine de l'équipe se plantent un peu plus loin, de l'autre côté de la magnifique console fignolée en 1820 par la Manufacture de Sèvres. Emmanuel Macron croise l'ancien champion Guy Forget qui s'est joint à la troupe. Le chef de l'État lève la tête et roule des yeux ronds comme des soucoupes. Du haut de ce mètre quatre-vingt-dix, tant de souvenirs le contemplent : les triomphes en Coupe Davis, les années glorieuses du tennis français masculin, l'ombre galvanisante du grand Yannick... Tout ce passé se bouscule dans la tête du président au moment où il s'approche du pupitre. Commence la litanie des discours de félicitations adressés aux joueuses. Juste avant que Bernard Giudicelli prenne la parole, le président s'agite : « Où est Stan ? Vous n'avez pas vu Stan ? » Son regard scintille. Il a repéré sa proie, discrètement tapie à l'autre bout de la pièce. « Ah… Stan ! Viens mon Stan, viens ! » Le petit homme s'exécute. Blouson vert léger aux manches marron jeté sur les épaules, cravate aux larges rayures bleues et grises, Stanislas Kuchna s'avance d'un pas hésitant. Pour l'occasion, il étrenne son plus beau costume. Le teint rosissant de confusion, un sourire figé en coin, il passe devant les éminences tennistiques, frôle la grande carcasse de Guy Forget et va se faufiler entre Benneteau et Giudicelli, dans une encoignure de la pièce. Trois pas derrière Emmanuel Macron qu'il ne cesse de dévorer du regard.

Le visage illuminé, le président entame son panégyrique des championnes qui lui font face. En amateur, il se fend du récit des grandes heures de l'histoire du tennis français. Réveille, forcément, le souvenir du triomphe initiateur des garçons en 1991. Évoque les deux précédentes victoires des filles en Fed Cup. Puis lance aux joueuses intimidées : « Rien n'était écrit, c'est ce qui fait la beauté du sport. Ce qui fait que ce qui était écrit ne se déroule pas comme tel à un moment donné, que ce qui était impensable advient, c'est toujours une aventure humaine ! » Comme souvent, l'hommage a quelque chose d'un autoportrait. On croirait entendre Macron parler d'Emmanuel et de son improbable accession au pouvoir suprême au terme de la folle campagne présidentielle de 2017.

« À un moment, reprend le chef de l'État, une équipe se forge, quelque chose se passe et un collectif arrive à se dépasser. C'est ce que vous avez fait. »

En retrait, Stanislas Kuchna le couve d'un regard attendri. Emmanuel Macron lui jette un bref coup d'œil, reprend sa respiration et lance à l'assistance : « Votre victoire aujourd'hui, et c'est aussi pour ça, c'est un petit clin d'œil personnel, si j'ai voulu inviter Stan et Patrice Kuchna qui sont ceux qui m'ont appris à jouer au tennis et qui m'entraînent, c'est que derrière votre victoire, et je le dis devant vos familles qui sont là, quand des championnes comme vous gagnent, ce sont des clubs, des bénévoles, ce sont des familles, ce sont des staffs, c'est-à-dire des centaines de milliers d'invisibles, qui ont passé, on le sait bien, des fins de journée, des mercredis, des samedis, des dimanches à emmener aux compétitions, à entraîner, à faire répéter, à faire tous les sacrifices de la terre pour bâtir des championnes. Et c'est pour ça que je voulais vraiment saluer ce sport auquel je tiens tant… » Le salon Murat résonne d'applaudissements. Ému, Stan Kuchna peine à retenir une petite larme.

C'est qu'il l'aime son Manu, Stan. Depuis ce samedi de l'automne 2007 où le futur président l'a appelé à l'aide. Ce matin-là, sur un court du tennis club du Touquet, Macron, tout juste 30 ans et jeune marié, n'arrête pas de pester. C'est le troisième coup droit de suite qu'il envoie dans les bâches. Le jeune haut fonctionnaire s'agace. Même en short, et le week-end, sa mentalité de gagneur aspire à la perfection. Dans le business comme au tennis. Ce jour-là, raquette en main, Emmanuel n'est pas dans son assiette. Il rate des coups simples et ça l'énerve. Et plus il s'énerve, plus il rate des coups simples. Depuis plusieurs mois, le jeune joueur stagne. Son niveau reste médiocre. Le fringant Emmanuel a besoin d'être poussé, incité à se dépasser. Il veut progresser. Mais n'y arrive plus. Alors il s'en veut bien sûr, se reproche ses fautes, s'inflige des séances d'entraînement plus longues. Mais s'il ne progresse plus, le jeune homme en est certain, c'est aussi qu'il est mal entouré, mal conseillé. Son coach ne le motive pas. C'est un jeune type un peu indolent, pas vraiment impliqué, qui encaisse le montant des leçons et passe aussi sec au client suivant. Emmanuel a besoin d'attentions. Ce prof dilettante le traite par-dessus la jambe.

À la buvette du tennis club du Touquet, on lui a parlé de « Stan », Stanislas Kuchna, une figure locale. Un ancien ouvrier, retraité de la métallurgie, qui s'est reconverti en moniteur de tennis. Le menton haut, le regard droit, sa photo s'affiche sur un mur, dans le hall du club, avec ses coordonnées pour prendre rendez-vous. Le tennis club est un haut lieu de la vie touquettoise. À deux pas de l'hippodrome et du centre équestre, on ne peut pas le rater quand on arrive de Paris par l'autoroute A16. Au sortir de la forêt, il se dresse au rond-point des Sports. C'est la porte d'entrée du centre ville du Touquet. La porte d'entrée du Touquet tout court. La bonne société de la ville s'y presse. L'un des rares endroits où « les gens de la forêt », les propriétaires des belles villas de style anglais aux hautes cheminées cachées derrière les pins élancés, croisent « les gens de la plage », ceux qui passent le plus clair de leur temps à se prélasser sur le sable fin à proximité de l'alignement des élégantes cabines de bois qui embellissent la plage. Au tournant des années soixante et soixante-dix, la jeune Brigitte Trogneux venait traîner avec ses copines au bar du tennis club, le temps de rêvasser sur le charme des jeunes joueurs avenants et de se renseigner sur les fêtes en préparation prévues le soir. Sous le regard un rien suspicieux de son père Jean, qui présida aux destinées du club de 1970 à 1974. Cette année-là, la jeune Brigitte épouse un jeune banquier, déjà, André Auzière, son premier mari. Elle s'assagit, tombe enceinte de son fils aîné, Sébastien, et prend peu à peu ses distances avec la vie nocturne du lieu. Trente-trois ans plus tard, c'est donc Emmanuel Macron qui l'investit raquette en main.

Il faut dire que le coquet tennis club du Touquet est l'un des plus vastes et des mieux dotés du pays. Quarante courts au total, dont vingt-cinq dans cette matière noble appréciée des connaisseurs qu'est la terre battue ! Une demi-douzaine de courts couverts inaugurés au début des années 2000, un club-house confortable, décoré aux couleurs chaleureuses d'un bois sombre et satiné, avec bar accueillant, restaurant et boutique joliment approvisionnée. L'héritage d'une longue tradition de plaisir bourgeois qui remonte à… 1903, année de fondation du club. « Dès qu'il y eut au Touquet trois maisons de construites, on fit une quatrième installation et ce fut un court de tennis ! » s'enorgueillit *L'Express du Touquet-Paris-Plage*. Dès l'origine, une clientèle haut de gamme de sportifs locaux et de Britanniques en villégiature fait la fortune du lieu. Le snobisme consiste à teinter son jeu d'anglicismes. On pratique entre « ladies » ou « gentlemen ». Si on est prêt à servir, on demande « Play ? » à son adversaire ; si la balle sort, on crie « Out ! » ; et on joue en « single ». So chic ! Juste avant la Première Guerre mondiale, en 1913, une jeune fille âgée de seulement 13 ans, promise à une grande carrière, remporte l'une des premières éditions du tournoi international du Touquet : Suzanne Lenglen, « la Divine », la première star internationale du tennis féminin et plus grande joueuse française de tous les temps, championne olympique et six fois vainqueur à Roland-Garros comme à Wimbledon.

La parenthèse de la Grande Guerre refermée, le tennis club retrouve aussitôt son lustre. Les fameux Mousquetaires, Jean Borotra, Henri Cochet, René Lacoste et d'autres viennent s'entraîner. La crème de la politique s'illustre sur la terre battue du Touquet, digne de la qualité de Roland-Garros. L'un des meilleurs amis de Churchill, le ministre Lord Birkenhead, participe au tournoi international de 1927. Symbole de la prospérité de la station durant les Années folles, un palace hors normes sort de terre en 1929, à 100 mètres du tennis club, juste de l'autre côté du rond-point : le Royal Picardy ! Un hôtel unique dont la démesure s'inscrit sur la façade où trône la devise de Louis XIV : *Nec pluribus impar* (« Supérieur à tout le monde »).

Au cours des décennies suivantes, une litanie de joueurs en devenir débarquant du monde entier réaffirme le prestige du club en participant à des compétitions de jeunes : Mats Wilander, Yannick Noah, Boris Becker, ou encore Rafael Nadal, tous ces futurs grands champions, et bien d'autres, ont foulé les courts touquettois avant de s'ériger en stars mondiales. Le jeune Macron a eu vent de ce passé mythique. Lorsqu'il enfile short et chaussures, il sait qu'il marche sur les traces de ces héros, dont les posters tapissaient sa chambre d'ado. Stanislas Kuchna connaît cette histoire sur le bout des doigts. Il en perpétue la mémoire. En 2007, Stan a déjà près de 68 ans lorsqu'il fait la connaissance d'Emmanuel Macron. Il vit à Lille, mais continue d'assumer ponctuellement des séances d'entraînement au Touquet le week-end et quelques stages pendant les vacances scolaires. Ce matin d'octobre 2007, il entraîne quelques gamins sur un court voisin. Cela fait déjà quelques minutes qu'Emmanuel Macron l'observe. « Stan » parle d'un ton doux mais ferme. « Pousse vers l'avant au service ! » « Plus souple sur les genoux ! » « Relâche ta prise de revers ! » Il répète inlassablement les mêmes consignes à ses élèves. Debout en arc de cercle autour de lui, les jeunes l'écoutent religieusement. Emmanuel Macron est sensible à la pédagogie des aînés. Il accorde volontiers sa confiance aux anciens. Se laisse vite captiver par leur parole. Lorsque les gamins s'éloignent du petit homme aux cheveux blancs, Emmanuel Macron s'approche timidement, de l'autre côté du grillage. Courtois, poli, un rien précieux. « Bonjour, monsieur Kuchna. Le club m'a recommandé vos services. Vous seriez d'accord pour m'entraîner de temps à autre, quand je viens au Touquet ? »

Stan Kuchna fait la moue. Il jauge de haut en bas ce Parisien élégant. « Vous venez souvent ? » Emmanuel, respectueux : « Disons en moyenne à peu près un week-end sur deux, monsieur Kuchna. » Stan, d'un ton définitif : « Eh bien alors, pourquoi pas. Quand j'aurai des disponibilités, je veux bien m'occuper de vous. Ça marche ! M'enfin, n'attendez pas non plus de miracle… »

Deux semaines plus tard, cet étrange tandem se retrouve sur le court, de part et d'autre du filet. D'un côté, le jeune inspecteur des finances parisien en short, de l'autre l'ouvrier retraité en survêtement. Une vraie complicité se noue rapidement entre les deux hommes. Chaque samedi, ils se retrouvent pour échanger des balles. Lorsque Stan n'est pas libre, c'est son fils Patrice qui le remplace. Les yeux plissés par un immuable sourire, les cheveux longs tombant sur les épaules, Patrice a la quarantaine joviale. Il est aussi disert que Stan est taiseux. Le père et le fils sont inséparables. Il y a une vingtaine d'années, Patrice a racheté pour une bouchée de pain une vaste bâtisse abandonnée qui tombait en ruine de l'autre côté du pont, vers Étaples, petit port de pêche bordé par la Canche, commune aussi modeste et populaire que Le Touquet est bourgeois et fortuné. Patrice et Stan y ont mis toutes leurs forces. Des années à retaper l'endroit sans relâche, week-ends et dimanches compris, avant de pouvoir enfin en profiter pleinement. La longère est devenue le repaire du clan, la base arrière de la Kuchna Company, cette petite entreprise familiale qui entreprend de gérer la carrière… tennistique d'Emmanuel Macron. Stan et Patrice reprennent en main le style de jeu du jeune énarque.

Emmanuel est un acharné. Il court comme un dératé, ne lâche jamais une balle, ne supporte pas de rater un coup. Après chaque échec, il se remet à l'ouvrage et assaille son prof de questions. « Stan, dis-moi ce qui ne va pas ? » « Patrice, montre-moi pourquoi j'ai raté ? » La séance finie, Emmanuel aime à se faire confesseur. Dans les vestiaires, il se plaît à écouter Stan lui narrer sa vie de labeur, celle d'un ouvrier droit, rugueux, un vrai Ch'ti issu d'un milieu très populaire. Stan lui raconte la chaîne à Usinor, les copains syndiqués et les autres, la solidarité des hauts-fourneaux. Il lui explique surtout comment, au gré des plans sociaux, il a vu fondre les effectifs de l'usine métallurgique de Denain. Alors, plutôt que d'attendre l'extinction du dernier haut-fourneau en 1980, puis l'inéluctable fermeture du site huit ans plus tard, Stan, dès le milieu des années soixante-dix, eut le courage de claquer la porte d'Usinor et de tenter la périlleuse aventure de ce que l'on n'appelait pas encore la « reconversion professionnelle ». Admiratif, Emmanuel applaudit la prise de risque. La famille Kuchna quitte les bords de l'Escaut pour ceux de la mer du Nord. Elle fuit Denain et le Valenciennois en crise, pour rejoindre Petite-Synthe, 120 kilomètres au nord-ouest, une commune modeste qui vient de fusionner avec sa grande voisine, Dunkerque. La petite troupe pose ses valises rue du Moulin. Passionné de tennis, fan des exploits du Suédois Björn Borg, Stan se met à taper frénétiquement dans la petite balle jaune. Il a déjà plus de 40 ans lorsqu'il passe ses diplômes de moniteur, commence à donner ses premières leçons et entame la formation de son… fils, Patrice. Le gamin est plutôt turbulent. Son père se sert du tennis pour canaliser son énergie. Région pauvre, le Dunkerquois ne dispose pas de courts dédiés à la seule pratique du tennis. Alors avec son père, à 9 ou 10 heures du soir, Patrice fait la tournée des salles omnisports de la commune pour voir s'il y a de la lumière. Quand la voie est libre, ils investissent ces gymnases sans âme aux noms mythiques, Debussy, Victor-Hugo, Léo-Lagrange. Les Kuchna père et fils se dépêchent d'installer des poteaux, de fixer le filet et se mettent à cogner dans la balle pendant une heure ou deux. Patrice est doué. Il prend une licence au club de Grande-Synthe, moins cher que celui de Dunkerque. À 11 ans, le voilà champion des Flandres minimes. Il lui arrive même de battre des ados de 14 ans ! Patrice fait l'admiration de son père.

Stan s'investit dans le développement du tennis dans la commune. Il réclame l'installation de nouveaux équipements et n'a de cesse de rappeler au maire socialiste, René Carême, l'un de ses principaux engagements de campagne : « Le beau doit aller au peuple. »

Patrice poursuit sa progression. À 14 ans, il atteint la finale du championnat de France minimes qui se joue… au club du Touquet. Dans la foulée, il intègre le prestigieux Insep (Institut national du sport, de l'expertise et de la performance). Le jeune homme y fréquente toute une génération de futurs grands champions, fait dortoir commun avec les prometteurs Henri Leconte ou Thierry Tulasne. Hélas, le monde du tennis est un milieu bourgeois, étriqué, empesé. Les Kuchna ne s'y sentent pas toujours les bienvenus. Ils n'ont pas les codes, se heurtent à quelques préventions. « Le tennis, vous êtes sûr ? C'est pas fait pour vous… » On appelle cela le mépris de classe… Au bout d'un an, voilà Patrice de retour chez ses parents, dans le Nord. Son père le console : « Tu as un bon niveau, tu peux aller loin. » Puis le met en garde : « Mais si tu veux être vraiment bon, il va falloir t'entraîner comme une bête ! » Patrice s'exécute. Cinq heures par jour ! Quand ils lui font le récit de la saga familiale, Emmanuel boit les paroles des Kuchna.

Au milieu des années quatre-vingt, Stan décide de prendre encore plus étroitement son fils sous sa coupe. Les instances fédérales l'ont lâché ? Stan va les remplacer ! Il consacre à Patrice du temps, beaucoup de temps, et un peu d'argent. Il rassemble ses maigres économies pour lui payer des billets d'avion et lui permettre de jouer ses premiers tournois à l'étranger. Patrice n'a pas 17 ans lorsqu'il entame sa vie de globe-trotter. Il séjourne seul, pendant six semaines, en Afrique du Sud et en revient horrifié par la réalité de l'apartheid, des restaurants pour les blancs, d'autres pour les noirs ; des bus *for white people only*, d'autres *for black people*... En 1981, il dispute son premier Roland-Garros. Six ans plus tard, il y décroche son plus haut fait d'armes en battant le jeune André Agassi pour atteindre les huitièmes de finale. L'Américain a 17 ans. Il est déjà 62e mondial. Pas de quoi effrayer Patrice qui exécute le « kid de Las Vegas » en trois manches : 6-4, 6-3, 6-3. Avant de se faire sortir sèchement par le Tchèque Miroslav Mecir. L'apogée d'une carrière fugace et modeste qui le fit se hisser jusqu'au rang de 104e joueur mondial.

Agassi ! Justement l'un des joueurs les plus charismatiques dont le tempérament fougueux et les tenues bariolées faisaient rêver l'ado Emmanuel. Alors le week-end, dans les vestiaires, Macron aime à faire raconter à Patrice ses exploits passés. Il questionne beaucoup, relance souvent, écoute longuement, mais se livre peu. Après la séance, Patrice le ramène fréquemment chez lui en voiture. Il le dépose devant la villa Monéjan, où Emmanuel rejoint son épouse, de retour du marché avec le poisson et les coquillages que le couple se partage à déjeuner. Pour les Kuchna, Emmanuel est un haut fonctionnaire parisien brillant, devenu banquier à succès, qui a épousé l'héritière d'une lignée de riches bourgeois locaux. Un de ces nombreux jeunes gens bien mis venus de la capitale pour profiter de leur réussite le week-end dans ce petit paradis protégé de la Côte d'Opale. Un client sympa, et même plus que ça, un partenaire attachant, attentionné, et surtout un joueur acharné, avide de progresser. Mais rien d'autre… Et sûrement pas un futur président !

Et puis un beau jour du printemps 2012, une semaine après l'élection de François Hollande à l'Élysée, Patrice étouffe un juron en feuilletant un hebdomadaire : « Oh putain ! C'est Manu ! » Parmi « Les cent qui vont compter » autour du nouveau chef de l'État, il vient de reconnaître le visage d'Emmanuel Macron. Comme toujours ou presque, il appelle son père : « Papa, j'ai vu une photo de Manu dans un magazine. Il vient d'être nommé secrétaire général adjoint à l'Élysée ! Tu te rends compte ? C'est l'un des plus proches collaborateurs de François Hollande ! » Stan est soufflé. Il croyait pourtant bien le connaître son Manu. Mais décidément, le jeune homme cache bien son jeu. Il ne lui a pas soufflé mot de sa proximité avec François Hollande. Stan lui envoie aussitôt un message de félicitations : « Eh ben, Manu, tu nous en caches des choses… En tout cas, un grand bravo !!! Et surtout bonne chance pour tes nouvelles fonctions ! » Emmanuel fait l'innocent : « Ah, bon, je ne vous l'avais pas dit ? Merci beaucoup, Stan ! »

Deux ans plus tard, rebelote. 26 août 2014. En vacances, Patrice se prélasse quelques jours à Majorque. En fin d'après-midi, au retour de la plage, il reçoit un SMS d'un de ses élèves prestigieux, patron de la marque de cuisine Ixina, auquel il donne des cours de tennis le week-end au Touquet. « Bonjour, Patrice, j'espère que tu passes du bon temps. Ce petit message juste pour que tu saches que je suis extrêmement fier d'avoir le même professeur de tennis que notre nouveau ministre de l'Économie. »

À 36 ans, Emmanuel Macron vient d'être nommé ministre de l'Économie, de l'Industrie et du Numérique. À Bercy, il remplace le turbulent Arnaud Montebourg, éjecté la veille après un week-end de provocations envers le président de la République. Un numéro de duettistes exécuté avec Benoît Hamon sur la scène de la fête de la Rose de Frangy-en-Bresse (Saône-et-Loire). Ironie du sort, Emmanuel Macron est en vacances au Touquet lorsqu'il apprend sa nomination. Il roule à vélo le long de la Canche avec Brigitte quand son téléphone retentit. Au bout du fil, le secrétaire général de l'Élysée, Jean-Pierre Jouyet, son parrain en politique : « Allô, Emmanuel ? Ne quitte pas, je te passe le président… »

Les Kuchna sont épatés par l'ascension express de leur poulain. Emmanuel Macron brûle les étapes politiques aussi vite qu'il brûle les calories raquette en main. Car, sur le court, les séances sont particulièrement denses. En général, elles durent une heure et demie.

Pour échauffer son élève, Patrice Kuchna commence par vider un panier de plusieurs dizaines de balles. Droite-gauche, droite-gauche, au fond du court, Emmanuel fait des allers et retours. Il renvoie inlassablement. Travaille la cadence. À chaque raté, il interpelle son prof pour recommencer :

« Patrice, renvoie-moi la balle ! Montre-moi ! Pourquoi je n'y arrive pas ? »

Emmanuel est un acharné. Tellement que, dans un deuxième temps, il aime à défier son moniteur. « On compte les points ? » Patrice s'amuse du caprice de l'insolent. Il s'y plie volontiers. Lui abandonne un point de temps à autre. Un jeu (très) rarement. Un set, jamais ! « Faut pas exagérer… », rigole-t-il. Pourtant, Emmanuel a beaucoup progressé. Son meilleur coup est devenu le coup droit. Un hasard, sans doute. Patrice lui a fait changer sa prise de raquette. Emmanuel s'y est plié sans broncher. Le geste est désormais plus sûr, plus ferme, et surtout plus délié. Le coup droit d'Emmanuel Macron ? C'est la plus belle réussite des Kuchna, père et fils. Le service, lui, reste plus faible. Emmanuel le travaille en fin de séance. Stan le filme avec son portable. Dans les vestiaires, il lui montre les images. Une bonne poussée sur les jambes, un geste élégant, mais un manque de puissance et, surtout, de précision. Verdict : le coup de poignet est à améliorer. Appliqué, concentré, Emmanuel écoute, acquiesce : « Compris. Je m'appliquerai davantage la prochaine fois. Promis. »

Depuis qu'il est devenu président, l'élève est moins assidu. Moins de temps, évidemment. Avant l'Élysée, il venait une semaine sur deux. Depuis, il ne parvient plus à se libérer qu'une demi-douzaine de fois par an, au maximum. « Dommage, il est vraiment talentueux », soupire Stan. Mais dès que le chef de l'État réussit à venir au Touquet, il enfile un short. Impensable de s'offrir un week-end sur la Côte d'Opale sans venir taper dans la balle. En mai 2017, deux semaines après sa victoire à la présidentielle, ce fut sa toute première escapade privée. Un week-end au Touquet, comme avant. Une partie de tennis, comme avant. L'occasion pour Stan d'étreindre le nouveau président et de lui coller une bise humide d'émotion sur les deux joues. Tellement fier du chemin parcouru l'ancien ouvrier métallo, le sien, comme celui de Manu.

Depuis trois ans, chaque fois que le président réussit à se dégager un peu de temps pour se réfugier au Touquet, il prévient Patrice au dernier moment, la veille ou l'avant-veille de son arrivée. Un SMS tardif, parfois en pleine nuit, à 2 h 30 du matin : « Salut, Patrice, c'est Emmanuel. Tu serais libre pour jouer ce week-end. » « Je réponds "OK" à 2 h 31 », sourit Patrice Kuchna.

L'arrivée au club s'est elle aussi faite plus discrète. Emmanuel ne passe plus par le grand hall d'entrée. Il entre et sort par une porte dérobée, protégé par ses gros bras du GSPR. Une bâche a été tendue pour protéger le court où il joue du regard des badauds. Et éviter que les voisins ne passent leur temps à observer le président. « Ils comptent les points quand Emmanuel joue ! » s'amuse son épouse Brigitte.

Une fois sur le court, rien n'a changé. Lorsqu'il les croise, il converse parfois avec les élèves de la leçon précédente. Comme ce dimanche d'hiver où, arrivé en avance, il a passé dix minutes à ramasser les balles dispersées autour du court en discutant avec un gamin de 12 ans : « T'es en quelle classe ? C'est qui ton joueur préféré ? T'aimes bien Federer ? » Et le collégien, pas démonté, de demander au président : « Et toi, t'aimes bien ton métier ? C'est fatigant ? Tu te lèves tôt le matin ? » Une fois en piste, la dépense d'énergie est elle aussi immuable.

Peut-être le chef de l'État se donne-t-il même encore plus qu'avant… Du temps de son prédécesseur, quand il était encore ministre de l'Économie, Emmanuel Macron glissa un jour à Patrice Kuchna : « Hollande, c'est un vrai mystère pour moi, je ne sais quelle est sa soupape. Moi, la mienne, c'est le sport ! » Maintenant qu'il a succédé à son ex-tuteur, le jeune président se démène encore plus qu'avant. Il se dépense comme un dératé, achève la séance trempé de sueur, dans un état quasi second.

La niaque d'Emmanuel force l'admiration de Patrice. Ses petites attentions aussi. Il y a deux ans, son fils est victime d'un sérieux accident au genou. Passionné de hockey, le jeune homme doit arrêter de jouer pendant de longs mois. C'est l'année du bac, le gamin déprime, son père s'inquiète. Un dimanche, le père se confie à Emmanuel Macron. Celui-ci décide d'enregistrer une vidéo pour remonter le moral du lycéen. Face caméra, le président se fait gourou : « Accroche-toi ! Ça va revenir. Ne lâche rien, ne lâche jamais rien dans la vie, et tu réussiras ! Concentre-toi sur ton bac, il faut bosser, bosser sans relâche, crois-moi ! » Patrice la diffuse à son fils, ému par le sermon. Trois mois plus tard, le voilà bachelier.

Mais le plus souvent, l'élève, c'est Emmanuel. Sur le court bien sûr. Aussi en dehors. Comme lorsqu'en avril 2019, au lendemain d'un nouveau samedi de violences et d'incidents à Paris, suscités par la mobilisation des Gilets jaunes, le vieil ouvrier en retraite entreprend de raconter au jeune président les turbulences de Mai 68 dans le Nord. La longue grève à Usinor, les gros bras de la CGT qui font la loi en agitant haut leurs drapeaux rouges, les patrons apeurés qui se terrent. Pendant des semaines, pas un tube, pas un boulon ne sort des ateliers et l'ambiance de chaos vire à la guerre civile. Emmanuel Macron l'écoute. S'imprègne. Digère. Un an plus tard, ce sont les syndicats qui bloquent les transports publics, SNCF et RATP, pour protester contre la réforme des retraites. À l'approche des fêtes de Noël, tout est gelé, le pays est à l'arrêt. Stan envoie un SMS au chef de l'État : « Il y a la technique, il y a le physique, mais n'oublie pas la TACTIQUE ! C'est le plus important. » Pour gagner, il faut bouger, être tout le temps en mouvement, savoir reculer un temps pour mieux avancer par la suite, jouer là où l'adversaire ne s'y attend pas. C'est la leçon du professeur Stan. Le président accuse réception.

Quelques semaines plus tard, le gouvernement amende sa réforme et abandonne l'âge pivot pour tenter de renouer le dialogue avec les syndicats réformistes. Simple coïncidence. Stan sourit. Il sait bien qu'il n'y est pour rien. Ses conseils n'ont aucune influence sur le cours de l'action gouvernementale. Son truc à lui, c'est le coup droit du président. Et puis le jeu de jambes aussi.

CHAPITRE VIII

« Emmanuel m'a dit que vous étiez du Touquet ? »

Emmanuel Macron retient discrètement une invitée par le bras. « Attends un instant, Anne, ne pars pas comme ça, Brigitte va venir t'embrasser. Vous vous êtes bien connues au Touquet… » Nous sommes en mars 2015, au ministère de l'Économie et des Finances, à Bercy. Emmanuel Macron n'est pas encore candidat à la présidentielle. Anne Méaux ne chaperonne pas encore le futur candidat de la droite, François Fillon. Une entrevue s'achève entre le tout jeune ministre des Finances de François Hollande et un aréopage de patrons. Parmi eux, celle que le Tout-Paris surnomme « la papesse de la com' », celle qui depuis trente ans fait et défait les réputations du Cac 40 ; vole au secours des grands patrons en difficulté ; accompagne la carrière politique de ses amis de jeunesse ; ou encore met en scène la résurrection médiatique planétaire du plus célèbre fugitif au monde, l'ex-empereur de Renault-Nissan, Carlos Ghosn… La blonde et toute-puissante Anne Méaux. Surprise par l'apostrophe d'Emmanuel Macron, elle patiente un instant. Et voilà qu'une autre blonde montée sur des échasses surgit des appartements privés du ministre, Brigitte Macron : « Bonjour Anne, comment vas-tu, ça fait un bail ! Depuis tout ce temps... » Les bises claquent, les joues s'entrechoquent. Les deux femmes se saluent chaleureusement comme deux vieilles copines qui célèbrent leurs retrouvailles. Et qui auraient partagé la même jeunesse festive. « Les boums dans les garages, tu te souviens ? » interroge Brigitte. « Et L'Ascot Bar ? Et Le Chatham ? veut-elle savoir. Et le Bip-Bip, toi aussi tu allais au Bip-Bip ? » Tous les gosses friqués de la station y ont dansé. Du bout des lèvres, Anne acquiesce : « Euh oui, oui, bien sûr... »

Cinq ans plus tard, décembre 2019, quelques jours avant Noël. Emmanuel et Brigitte Macron ont déménagé à l'Élysée, Anne Méaux a accompagné François Fillon jusqu'au bout de la débâcle. L'ancien Premier ministre s'apprête à répondre à ses juges quelques semaines plus tard. Il est accusé de détournement de fonds publics dans l'affaire de l'emploi présumé fictif de son épouse Pénélope. Plus de 1 million d'euros ponctionnés à l'Assemblée nationale, durant une vingtaine d'années, pour arrondir le train de vie du couple. Infamante, l'accusation a achevé la carrière politique de Fillon et plongé la droite dans une crise historique.

Bien installée au fond d'un fauteuil confortable dans son vaste bureau, au premier étage de son agence de communication, Image 7, sise dans le cossu XVIIe arrondissement de Paris, Anne Méaux se triture les méninges. Elle fouille dans sa mémoire, non pour réveiller le cauchemar de la calamiteuse campagne présidentielle de 2017, mais pour ressusciter des souvenirs bien plus lointains, et bien plus doux : sa jeunesse touquettoise.

« Brigitte ? Oui, on a dû se croiser un peu aux soirées du tennis... » Songeuse, la femme de com' se perd un peu dans ses pensées. « Brigitte a un an de plus que moi. Je n'ai pas de souvenirs très précis. Moi, je traînais beaucoup avec la bande de mon frère, qui est sept ans plus âgé que moi. On a fait pas mal de trucs... » Elle en a fait des « trucs », Anne Méaux, sur la Côte d'Opale, depuis sa prime jeunesse.

Car d'aussi loin qu'elle s'en souvienne, Anne est du Touquet. « L'endroit est tellement sympââââ... », glisse-t-elle comme une évidence, d'une voix rauque et traînante qui n'ouvre guère la voie à la contradiction. Et d'asséner, d'un ton convaincu : « Je me sens plus touquettoise que parisienne. » Certes, Anne Méaux habite un très bel appartement bourgeois de l'ouest parisien, niché à l'entrée du parc Monceau, à quelques encablures du siège de son agence. Il n'empêche que son vrai fief, ses racines, c'est sur la Côte d'Opale qu'elles se trouvent. Touquettoise jusqu'au bout des stilettos. La preuve, Pompon, sa fidèle et indispensable assistante dont le bureau jouxte le sien à Image 7, ne vient-elle pas elle aussi de la Côte d'Opale ?

Comme souvent, cette histoire-là est d'abord une affaire de famille, et d'enfance. La mère d'Anne Méaux adorait Le Touquet. À la toute fin des années cinquante, à l'époque où Jean Trogneux achète la villa Monéjan, la famille Méaux commence à passer ses vacances au Touquet. La petite Anne apprend à nager dans la fort courue piscine d'eau de mer. Quant à la plage, déjà, « les pauvres allaient à Stella, et les plus riches au Touquet », se souvient-elle. Anne y fréquente le club de plage Les Hippocampes, quand Brigitte, elle, est inscrite à La Joie de Vivre. Les prix des terrains et de l'immobilier ne se sont pas encore envolés et, dès 1968, le père d'Anne Méaux se décide à faire construire une villa dans la forêt. Anne n'a pas tout à fait 14 ans. Deux ans plus tard, c'est le drame, son père s'en va du jour au lendemain. Cet ophtalmo plutôt aisé, anar de droite et d'un tempérament fougueux, claque la porte du foyer. L'épisode marque à jamais la petite Anne. La rupture est brutale, la déchirure profonde. Sa mère n'a pas un sou, mais il lui reste la maison du Touquet. Comme un socle, un rocher auquel s'accrocher quand la famille explose. Alors elle se met à empiler les petits boulots et remue ciel et terre pour ne pas avoir à la vendre. Pendant des années, Anne entend les vautours en tout genre se presser autour de sa mère : « Mais enfin, cette maison, ce n'est pas raisonnable… Vous n'allez pas pouvoir la garder, cette villa est au-dessus de vos moyens… » Malgré la modestie de ses revenus de prof de lettres classiques, la mère d'Anne tient bon. Sa fille lui en voue une reconnaissance éternelle. En conservant la maison, elle lui a offert un port d'attache, des racines que la fuite paternelle avait fragilisées. De quoi expliquer son attachement viscéral à l'endroit. À 17 ans, Anne commence à y ramener toute une bande de copains. Pas mal de garçons, dont beaucoup subjugués par son charme et sa blondeur. S'ensuivent des fêtes mémorables, et passablement arrosées. « Pour se venger, on a vidé la cave de papa », rigole Anne Méaux. Les bandes se forment autour des quelques activités incontournables qui rameutent la jeunesse bourgeoise touquettoise. Il y a la bande du tennis, celle du char à voile, celle du cheval, Anne va de l'une à l'autre, croisant de temps à autre Brigitte, plus assidue du côté du tennis club.

Une fois le bac en poche, Anne intègre Sciences Po. Certains cours se déroulent à l'université Paris-Dauphine. Elle y sympathise avec une bande de copains plutôt rugueux et assez fêtards. La plupart émargent dans les rangs du GUD, ce groupuscule d'extrême droite dont les énergumènes peu fréquentables manient volontiers la barre de fer pour « casser du gauchiste », autant par goût de la castagne que pour épater les filles. Anne devient l'une de leurs égéries. Passionnée de politique, foncièrement antimarxiste, elle « déteste les cocos ». À Paris, elle noue des liens étroits avec ces jeunes « fachos » forts en gueule dont certains s'assagiront, plus tard, en ministres libéraux, comme Alain Madelin ou Gérard Longuet. Au Touquet, elle fraye avec une bande plus sage, plus rangée, des fils et des filles à papa davantage portés sur le rock'n'roll que sur la politique. À la fin de l'année 1975, dix-huit mois après l'accession de Valéry Giscard d'Estaing à la présidence de la République, la jeune femme rentre définitivement dans le rang et quitte les contreforts de l'extrême droite étudiante pour rejoindre l'Élysée. Fraîchement diplômée de Sciences Po, elle intègre le service de presse sous la direction de Bernard Rideau, le responsable de la communication du nouveau chef de l'État. Un an plus tard, les élections municipales approchent et l'oukase présidentiel tombe : « Il faut que les gens de la Maison se présentent », chuinte Giscard. Le chef de l'État envoie l'un de ses plus fidèles lieutenants, Michel d'Ornano, se fracasser dans la capitale sur un mur nommé Jacques Chirac. « Vous avez bien un endroit à vous ? » demande VGE à Anne. Qui se souvient avoir été accueillie « à bras ouverts » par le maire du Touquet, Léonce Deprez. Elle coche toutes les cases. C'est une femme, elle est jeune et belle, une bénédiction pour la droite locale. Léonce lui offre une bonne place sur sa liste. « Mon premier vote, ce fut pour moi ! » nous lâche-t-elle, émue. À tout juste 21 ans, elle plonge à pieds joints dans l'univers masculin de la politique touquettoise.

Au fil de son mandat de conseillère municipale, elle multiplie les allers et retours entre la capitale et la Côte d'Opale au volant de sa petite voiture. Sympathise avec « le boucher, euh, comment s'appelait-il déjà... », ou encore avec Marcel et Jeannette Desseaux, « les ex-proprios des Sports ». Se tape les inaugurations, le bal des pompiers, et toutes les obligations d'usage. Mais la précoce ambitieuse commence déjà à faire trop d'ombre aux vieux mâles de la Côte d'Opale. Léonce, qui a déjà tendance à parler de lui à la troisième personne, ne supporte guère de voir émerger une jeune concurrente potentielle. Il déplace la tenue des conseils municipaux en pleine semaine, le mercredi soir, ce qui lui complique sacrément sa vie de Parisienne. Quant à Philippe, le mari d'Anne Méaux, il ne supporte plus de faire tapisserie au bal des pompiers ou de devoir valser avec la femme du maire. Au bout de six ans, stop ! Tentée, un temps, de défier Léonce, Anne raccroche au bout d'un seul mandat. Elle n'a jamais tenu rigueur de ces tiraillements à son ex-parrain touquettois et a gardé de bonnes relations avec lui jusqu'à sa disparition. Surtout, la patronne d'Image 7 est toujours restée fidèle au Touquet. Elle a transmis le virus à ses filles, en particulier l'aînée, Charlotte, et continue d'y aller le plus souvent possible. Suivant des rituels quasi immuables. Le dîner tardif à la brasserie des Sports en arrivant le vendredi soir. La grasse matinée dominicale. Les marches sur la plage, le shopping. « Maintenant je connais tout le monde ! » s'enthousiasme-t-elle en récitant les noms de ses commerçants préférés. Et puis, il y a L'Ascot Bar, déménagé de l'angle de la rue Saint-Jean et du boulevard Daloz où il se trouvait, dans les années soixante-dix, au rez-de-chaussée de l'aile droite de l'hôtel Bristol. Un même nom et deux adresses fort prisées de la bourgeoisie touquettoise. Un piano droit, un bar d'époque, de larges fauteuils moelleux, comme un trait d'union entre passé et présent. Jadis, il arrivait aux jeunes Brigitte et Anne de s'y croiser. Aujourd'hui, c'est plutôt dans les boutiques de la rue Saint-Jean ou du côté du marché couvert que les deux femmes se rencontrent de temps à autre. Il arrive aussi à Anne de passer un petit coup de fil à Brigitte pour « faire passer un message à Emmanuel » sur le sort d'un de ses clients. Mais la démarche reste rarissime, jure-t-elle. Un petit monde d'intérêts bien compris, et bien partagés, qui savait déjà se retrouver sous l'égide d'Anne, avant même qu'Emmanuel soit président. C'était en 2016, Macron, encore ministre de l'Économie, avait élevé Anne Méaux au grade d'officier de la Légion d'honneur. Outre le locataire de Bercy et son épouse Brigitte, le raout organisé par la récipiendaire à l'issue de la cérémonie avait réuni, entre autres, Valéry Giscard d'Estaing, François Bayrou, le PDG du groupe Accor, Sébastien Bazin, ainsi que les « vieux copains » d'Anne, Alain Madelin et Gérard Longuet.

Un réseau à nul autre pareil qu'elle met parfois au service du Touquet. La fondatrice d'Image 7 sait convaincre ses « copains » fortunés d'y investir. Et des copains, il y en a une sacrée brochette. Par exemple, Dominique Desseigne, patron du groupe Barrière, qu'elle a incité à racheter le West en 2016, plus de quarante ans après que le même groupe casinotier l'eut détenu pendant quelques années. Anne Méaux paye aussi de sa personne en mettant son impressionnant carnet d'adresses au service de la station. Les 06 des « vieilles copines » qui font partie de Force Femmes, l'association dont elle est la vice-présidente et qui aide les cadres quinqua à retrouver un job. À sa tête, il y a « Véro », Véronique Morali. La femme d'affaires qui préside aussi aux destinées de Fimalac Développement, une filiale du groupe financier fondé par un autre ami d'Anne, Marc Ladreit de Lacharrière. Le milliardaire, qui investit en particulier dans l'hôtellerie et les loisirs, a acheté 40 % d'un certain groupe Barrière… lequel a acquis le Westminster. Oui, décidément, Le Touquet est un tout petit monde.

Également cofondatrice du Women's Forum for the Economy, prestigieux raout de femmes de pouvoir, Anne Méaux fait parfois profiter l'élégante station du Pas-de-Calais de son copieux carnet d'adresses. Ainsi, son « très vieux copain » – un de plus – Patrick-Olivier Picourt a acheté le Grand Hôtel situé face à la baie de Canche. Anne Méaux en a profité pour créer et y installer, il y a une douzaine d'années, le Grand Prix de la biographie politique. Une distinction littéraire dotée de 10 000 euros qui récompense l'auteur d'une « biographie politique passée ou présente, écrite en langue française ». Lors de chaque cérémonie annuelle, le jury, qu'elle a composé elle-même avec soin, débarque au Touquet. On y trouve, pêle-mêle, l'ancienne patronne d'Areva, Anne Lauvergeon ; Patricia Barbizet, bras droit du milliardaire François Pinault à la tête du groupe Artemis puis Kering, mais aussi présidente de l'ultra-élitiste club Le Siècle ; les essayistes Nicolas Baverez et Alain-Gérard Slama ; le philosophe François Ewald ou encore le producteur Dominique Besnehard. Un bottin de VIP parisiens qu'Anne Méaux entraîne chaque année à la découverte des bonheurs secrets de la Côte d'Opale. Comme une initiation accélérée aux plaisirs de l'art de vivre touquettois.

« On m'a dit que vous étiez touquettois ? » Mathieu Laine, lui aussi, s'est fait interpeller par Brigitte Macron. C'était en 2016, à Bercy également. Entrepreneur et intellectuel libéral, fondateur d'Altermind, une société de conseil florissante, Mathieu Laine, exilé à Londres où il vit dans le quartier chic de Kensington, est de deux ans l'aîné d'Emmanuel Macron. Il s'est pris de passion pour le futur président dès la fin de l'année 2009. Les deux trentenaires font connaissance lors d'un petit déjeuner d'affaires. Emmanuel a rejoint la banque Rothschild, Mathieu joue les entremetteurs pour des clients à promouvoir. Leur rencontre tient du coup de foudre amical. Mêmes références culturelles, même boulimie littéraire, même appétence pour le business, même soif de pouvoir, des jumeaux en ambition. Ils ne se quitteront plus. Mathieu s'applique à maintenir un contact permanent avec

Emmanuel à coups de SMS quotidiens et d'échanges sur la messagerie cryptée Telegram.

Avec ses faux airs d'un Géo Trouvetou juvénile, le front large et dégarni, la voix douce, le regard un rien lunaire, il affiche une curiosité de chaque instant.

À peine tombé sous le charme du jeune Macron, Mathieu Laine se convainc que c'est l'homme providentiel pour enfin accoucher d'une vraie révolution libérale en France, pour « disrupter » et enterrer le vieux monde, comme on dit en novlangue macronienne.

Laine ne lâchera plus son poulain. Au gré de l'ascension du futur chef de l'État, à l'Élysée comme secrétaire général adjoint, puis à Bercy en tant que ministre, Mathieu bombarde Emmanuel d'idées, l'abreuve de conseils, l'encourage. La rencontre avec Brigitte survient plus tard, au tout début de l'année 2016, à Bercy. Le jeune ministre de l'Économie met alors la dernière main au lancement d'En Marche ! Mathieu Laine, lui, a toujours été allergique aux socialistes. Ce jour-là, il est venu rendre visite à son ami ministre pour le pousser un peu plus à franchir le pas. À claquer la porte du gouvernement pour aller défier à la présidentielle ce François Hollande qu'il ne supporte plus. Mathieu discute avec Emmanuel en tête à tête dans son bureau, lorsque Brigitte surgit derrière son dos. Elle lui pose la main sur l'épaule en minaudant : « Alors, il paraît que c'est vous qui poussez mon mari à se présenter ? Vous êtes sûr que c'est vraiment une bonne idée ? » Mathieu sursaute, surpris et flatté. Cela fait plus d'un an qu'il ressasse à Emmanuel qu'il a un destin présidentiel. Brigitte fait mine d'en douter.

Elle se joint aux deux hommes et la conversation prend un tour amical, détendu, presque familial. Mathieu Laine n'a pas besoin d'insister beaucoup pour convaincre l'épouse que l'avenir de son époux est à l'Élysée : « Président, c'est le seul job vraiment intéressant pour changer les choses ! » Pour sceller leur pacte élyséen, Brigitte dégaine sa carte magique, Le Touquet, et attise la fameuse complicité de l'entre-soi de la Côte d'Opale : « Au fait, Mathieu, Emmanuel m'a dit que vous étiez du Touquet ? Alors, on se tutoie, d'accord ? » Mathieu est d'accord. S'ensuivent d'interminables échanges sur les mérites des balades à vélo, la découverte d'innombrables connaissances communes et les attraits de telle ou telle boutique. Les chocolats du Chat bleu, les Sports, les crêpes de Joël et ses mignardises, etc. Une longue conversation que Brigitte clôt d'une formule qui revient fréquemment dans sa bouche : « C'est quand même étrange, Mathieu, que l'on ne se soit jamais vus aux soirées du tennis, non ? » Si. La planète touquettoise est si minuscule qu'il est improbable de ne pas s'y croiser, entre gens de bonne compagnie.

Cet amour du Touquet, et de son « incroyââââble charme », dit-il, Mathieu aime à le partager avec les nombreux « copains » qui peuplent son épais carnet d'adresses. Car lui aussi, comme Anne Méaux, a beaucoup de « copains » : le fondateur de Meetic, Marc Simoncini, le PDG de Carrefour, Alexandre Bompard, ou encore celui d'Havas et héritier de l'empire de papa Vincent, Yannick Bolloré. Tous ces puissants se sont déjà délectés des charmes de la Côte d'Opale, causant business ou concluant un deal, un week-end de printemps, autour d'un plateau de fruits de mer.

Homme de réseaux aux amitiés les plus éclectiques, le vibrionnant Mathieu Laine transmet également son engouement pour l'art de vivre du lieu à ses « copains » artistes : le compositeur Karol Beffa, le chanteur Patrick Bruel, ou encore le violoniste Renaud Capuçon, habitué de la station, qui s'y produisait encore en concert, salle des Quatre Saisons, à l'été 2019.

Il faut dire que si Mathieu Laine a l'enthousiasme aussi communicatif, c'est qu'il est fidèle au Touquet depuis son plus jeune âge. Sa grand-mère y vit toujours et, pour lui aussi, le pèlerinage sur la Côte d'Opale relève de l'atavisme familial. Il se situe d'ailleurs à la confluence de plusieurs lignées de la bourgeoisie lilloise, catholique et élitiste. Sa branche paternelle descend de la dynastie Lesaffre, les leaders mondiaux de la levure industrielle. Du côté maternel, Mathieu Laine aime à raconter la destinée de son grand-père Maurice André, né de parents mineurs dans le Pas-de-Calais, devenu médecin généraliste, et décédé quelques jours après l'élection d'Emmanuel Macron. Son autre grand-père, Émile Laine, disparu en 1997, fut un grand neurochirurgien. Une rue de Lille porte son nom. Elle abrite l'hôpital Roger-Salengro. C'est dans les années soixante que ses grands-parents paternels ont fait construire au Touquet. Mathieu est né bien plus tard, en 1975. Ses premiers séjours furent presque immédiats. Il s'amuse à rappeler cette précocité à Emmanuel Macron : « Moi, contrairement à toi, j'ai appris à marcher au Touquet. » Les souvenirs affluent. Il y a les bons, les doux, les sucrés et paisibles. La maison, baptisée « Pomme de pin », est nichée dans la forêt, allée des Bouleaux. Juillet en famille, au Touquet avec ses parents, l'un cardiologue, l'autre pédiatre. Et les rites bourgeois se perpétuant. La piscine, bien sûr, le club de plage, évidemment. Plus tard, de nombreuses parties de golf avec son père. Et puis il y a aussi les drames, les épisodes terribles. Le suicide de son frère cadet, Guillaume, un jour de l'été 2011, à l'âge de 29 ans. La perte d'un cousin proche. Autant de grands malheurs qui ressoudent le noyau familial autour du berceau touquettois.

« On se reçoit chez l'un, chez l'autre, autour d'un plateau de fruits de mer », raconte Mathieu Laine. La famille s'approvisionne chez Pérard, surtout pour la soupe de poisson, spécialité historique de cette grande maison touquettoise aux origines légendaires, que l'on se raconte de génération en génération. Pendant la Seconde Guerre mondiale, le fondateur, Serge Pérard, achète à la halle aux poissons de Boulogne deux têtes de morue promises à la poubelle. Il dévore la chair des têtes et mitonne une soupe de poisson avec le reste de l'eau de cuisson et quelques ingrédients de son choix. Le résultat est délicieux. Vingt ans plus tard, lorsqu'il ouvre son restaurant au 57, rue de Metz, sa soupe de poisson, inspirée de cette recette, fait le succès de l'endroit. Et la réputation de la « marque » Pérard qui s'affiche sur des milliers de bocaux de soupe de poisson vendus chaque jour dans tout le pays.

Parfois, lorsque Mathieu Laine et sa tribu décident de faire assaut de simplicité, ils se hasardent jusqu'à La Chope pour déguster une marmite de moules avec des frites. Lorsque l'heure est aux festivités, ils se fendent d'une escapade gourmande quinze kilomètres plus à l'est, du côté de La Madelaine-sous-Montreuil pour se régaler des menus gastronomiques du chef étoilé de La Grenouillère, Alexandre Gauthier. Réputée, l'adresse a déjà accueilli le président François Hollande et sa compagne Julie Gayet, et bien sûr les époux Macron. Le monde politique aussi est tout petit. Tellement microscopique qu'il en devient schizophrène. Lors de la présidentielle de 2017, Mathieu Laine, toujours proche conseiller du candidat Macron, réussit le tour de force de coacher son concurrent, François Fillon. Deux candidats, deux rivaux, deux adversaires, à l'en croire au service du même corpus libéral que Laine défend depuis ses années d'engagement étudiant auprès d'Alain Madelin. Adepte du « en même temps » pendant ces quelques mois de campagne, Mathieu s'est rangé sans coup férir aux côtés de son ami Emmanuel. L'explosion de l'affaire Fillon l'ayant aidé à faire son deuil du candidat LR.

Étrangeté. Proches, presque complices, Mathieu Laine et Emmanuel Macron ne se sont pourtant jamais vus au Touquet. Comme à son habitude, le chef de l'État s'applique à cloisonner ses cercles de fréquentations. Jusqu'à présent, les deux hommes n'y ont jamais séjourné en même temps. Quand Mathieu s'y rend, Emmanuel lui glisse un message amical à destination de leurs relations communes : « Surtout, embrasse-les bien de ma part ! » Le président lui a même transmis un contact précieux, le numéro de son prof de tennis, Patrice Kuchna. Mathieu a bien pris quelques leçons, mais, sur le court, il ne fait pas preuve de la même obstination qu'Emmanuel. Renvoi d'ascenseur. Lorsque Mathieu est au Touquet, il ne manque pas de faire parvenir quelques photos au chef de l'État. Et de faire savoir au Tout-Paris que l'un de ses oncles, médecin généraliste dans la station, est aux petits soins pour le président. Quel gage de proximité !

Ainsi, à moins de deux heures trente de la capitale, le petit monde du conseil et de la com', qui fait la pluie et le beau temps sur le business, se transporte le week-end sur la Côte d'Opale. Il apporte ses dossiers, ses contrats, mais aussi les petites animosités qui font la chronique parisienne.

Raison pour laquelle les deux communicants Mathieu Laine et Anne Méaux prennent désormais soin de ne plus se croiser au Touquet. Ils se connaissent par cœur, Mathieu eut d'ailleurs le privilège de faire partie des happy few membres du jury du Grand Prix de la biographie mitonné par Anne et de participer aux conclaves annuels du Grand Hôtel. Mais ils sont aujourd'hui fâchés. Et réussissent la prouesse de s'éviter dans ce huis clos balnéaire qui se concentre entre le front de mer, la rue Saint-Jean et le Westminster. La patronne d'Image 7 et le fondateur d'Altermind ne se causent plus. Pendant des années, Anne a pris le jeune Mathieu sous son aile. Elle a même mis des billes dans son cabinet de conseil pour l'aider à se lancer. Leur longue complicité s'est fracassée sur la haine irrépressible qui oppose les milliardaires François Pinault et Bernard Arnault, les deux frères ennemis du luxe. Toujours en compét'. Quand Pinault promet 100 millions d'euros pour reconstruire la cathédrale Notre-Dame détruite par les flammes, Arnault renchérit : 200 millions…

Qui dit mieux ? Anne Méaux s'est engagée à vie aux côtés de François, le fondateur des groupes Artemis et Kering ; alors que Mathieu a osé conclure un contrat avec Bernard, big boss de LVMH. Le monde touquettois est décidément petit. Celui des affaires aussi. Trop petit, parfois.

CHAPITRE IX

On ne devrait jamais quitter Le Touquet...

Fabrice Cassez est d'un naturel calme, pondéré, jovial. Toujours de bonne humeur, ou presque. C'est rare, mais il lui arrive toutefois de sortir de ses gonds. Cela fait douze ans que ce gaillard au sourire franc et à la poignée de main chaleureuse est le locataire de Brigitte Macron et le patron de Cape Cod, la boutique de vêtements accolée à la Monéjan, à la place de l'ancien garage de la villa familiale.

« Brigitte », il l'adore presque autant que... la sienne, puisque son épouse porte le même prénom. Brigitte Macron, il la trouve « cool, sympa, détendue, naturelle ». À l'écouter réciter un tel chapelet de qualités, on rêverait d'avoir une propriétaire aussi parfaite. D'autant qu'il n'est pas le seul locataire à se réjouir ainsi. Sa voisine, Anne-Frédérique Lemesre-Piasecki dirige l'agence immobilière (Aftim) installée juste en dessous de la Monéjan. Elle aussi loue ses murs à « Brigitte ». Elle aussi apprécie son côté naturel, authentique : « C'est une proprio très sympa, confirme Anne-Frédérique. En cas de problème, de fuite d'eau, de devis à réaliser, elle me dit je vous fais confiance ! Quand elle va faire ses courses, on se salue mais on ne veut pas l'ennuyer. En général, Brigitte arrive toute seule quelques jours avant le président… »

Et que dire de Manu, toujours aussi « simple et accessible » : « Il n'a pas changé depuis qu'il est président ! » jure Fabrice Cassez. Il est vrai que le duo présidentiel n'est pas qu'un couple de proprios comme les autres, c'est aussi un produit d'appel, une véritable aubaine commerciale !

L'élection d'Emmanuel Macron en mai 2017 a fait flamber le prix des maisons, qui atteignent quasiment les prix parisiens. « Il y a depuis quelques mois un billet d'entrée assez important. Une maison de 550 000 euros à 4 millions d'euros, ça peut se vendre en une journée. Premier arrivé, premier servi, relève la patronne de l'Aftim. C'est l'effet Macron ! La grosse communication autour de sa victoire nous a amené une nouvelle clientèle. Des copains qui vivent aux États-Unis ont vu la Monéjan en photo dans le *New York Times* ! poursuit-elle. Quand le président vient, les gens s'agglutinent dans la rue. Des petits font des selfies avec Emmanuel Macron très à son aise dans ces bains de foule. Les gens adorent son côté accessible, c'est l'esprit Touquet. »

Un microclimat de popularité qui requinque le moral du chef de l'État autant qu'il booste le chiffre d'affaires de la boutique Cape Cod. En 2017, dans la foulée de l'élection présidentielle, Fabrice a eu l'idée de commercialiser toute une gamme de T-shirts et sweats, blanc, bleu ou gris, siglés « Le Touquet, City of President » avec un petit drapeau tricolore et la mention « Paris-Plage 2017 ». En trois ans, il en a écoulé « plusieurs milliers », vendus entre 39 et 80 euros, de quoi arrondir les fins de mois de la boutique. Manu est tellement sympa qu'à la demande de fans enamourés, il a même accepté de dédicacer quelques T-shirts. On aurait dit le Johnny d'antan à la sortie d'un concert... De quoi mettre en joie Fabrice. Et pourtant, il lui arrive donc aussi de se mettre en rogne. « À force d'entendre des conneries... », grommelle-t-il en levant les yeux au ciel. Des « conneries » qui émanent parfois des badauds se pressant derrière les barrières de protection installées devant la villa par les gendarmes postés près du fourgon stationné là en permanence. « Non mais, t'as vu la baraque qu'il s'est fait construire avec son salaire de président ! » « Je suis sûr qu'ils ont une grande piscine... » « Pfff, et avec l'argent de nos impôts, en plus ! »

Quand il en a marre de supporter en silence ces complaintes, Fabrice sort sur le pas de la porte et se mêle au concert de jérémiades : « Vous racontez n'importe quoi ! La maison appartenait au père de Brigitte... Et puis, il n'y a pas de piscine, évidemment ! » Et d'asséner un définitif : « Vous voulez vérifier ? Vous voulez que je vous fasse faire une visite privée de l'intérieur ? » Brigitte et Emmanuel sont tellement sympas qu'ils lui laissent, à l'occasion, un double des clefs.

Bien sûr, le commerçant n'organise pas de pèlerinage à l'intérieur de la demeure. Mais il voit dans cette marque de confiance un signe supplémentaire de la complicité qu'il entretient avec le couple présidentiel. On ne laisse pas ses clefs à n'importe qui... Même pas à l'un de ses ex-collaborateurs les plus zélés. Alexandre Benalla a beau se targuer de sa proximité passée avec Emmanuel Macron, l'ex-gros bras du président le reconnaît, lui-même n'a jamais eu entre les mains un double du trousseau de la Monéjan.

De son poste d'observation, placé, de fait, sur la ligne de front de la Macronie, Fabrice Cassez peut mesurer, lui, avec précision les oscillations de la cote de popularité du chef de l'État. Et au fil des mois, il a vu les premiers nuages commencer à s'infiltrer pour venir perturber l'anticyclone touquettois. Rien à voir avec la colère, voire la haine, qui déferle dans une bonne partie du pays à l'évocation du nom du locataire de l'Élysée. Au Touquet, on ne le couvre pas d'injures, on ne brûle pas son effigie, on ne promène pas sa tête au bout d'une pique, comme on a pu le voir dans certaines rues de Paris au plus fort du mouvement des Gilets jaunes ou de la contestation de la réforme de retraites. Sur la Côte d'Opale, l'ambiance reste bon enfant. Pas de cris, pas d'incidents, pas de violence. « Quand on arrive au Touquet, c'est tout va pour le mieux dans le meilleur des mondes, confirme Anne-Frédérique Lemesre-Piasecki. C'est un refuge où le temps s'arrête, où l'on se sent en sécurité totale. »

Mais dans ce fief de la Macronie où « les luttes sociales, ça n'existe pas », dixit l'ancien maire LR Daniel Fasquelle – des premiers doutes affleurent, des premières moqueries viennent se faire entendre jusque devant la façade de la Monéjan. Comme les 1er et 2 février 2020, lors du week-end de l'Enduropale, un rassemblement qui draine chaque année sur la plage plusieurs dizaines de milliers de fans de moto, dont quelques centaines se hasardent jusqu'à la villa des Trogneux. Un public populaire au sein duquel la cote du président est en berne ; et les « premiers de cordée », apôtres du « ruissellement », plutôt rares. Un afflux de badauds qui a mis la gendarmerie sur les nerfs. Ce week-end-là, le cordon de sécurité est tellement imposant que la tension monte d'un cran. Fabrice Cassez passe un petit coup de fil à Brigitte pour qu'elle le fasse alléger. Depuis Paris, la Première dame transmet la consigne, la maréchaussée obtempère. La température est redescendue aussitôt et les affaires de Cape Cod ont repris, Fabrice écoulant en un week-end auprès du public de l'Enduro plusieurs centaines de caleçons décorés de grosses motos colorées. Mais sans l'effigie du président…

Un peu d'écume du mouvement des Gilets jaunes est aussi parfois venue s'échouer au pied de la Monéjan. Entre Noël 2018 et Pâques 2019, quelques dizaines d'entre eux ont tenté à plusieurs reprises de venir manifester devant la villa. Le samedi 5 avril au soir, une centaine de manifestants convergent vers la maison en chantant : « Macron nous fait la guerre, sa police aussi ! Emmanuel Macron, on vient te chercher chez toi ! » Un temps débordés, les sept policiers en faction doivent appeler du renfort. Une brève bousculade et quelques grenades lacrymogènes plus tard, l'attroupement s'est dispersé. Le chahut a semé un certain émoi parmi les riverains de la si tranquille rue Saint-Jean, mais les Macron étaient absents.

Deux semaines plus tard en revanche, le 21 avril, Bibi et Manu séjournent bien à la Monéjan lorsqu'un commando d'une vingtaine de personnes enfile tout à coup un gilet jaune pour se précipiter vers la maison. Le coup est bien préparé mais l'assaut est rapidement déjoué par les forces de l'ordre. L'épisode se solde par deux interpellations, un homme et une femme jugés quelque temps plus tard pour « participation à un attroupement sans arme après sommation de se disperser ». Ils écopent d'une peine symbolique, une amende de 250 euros avec sursis.

L'incident n'a guère fait d'émules. Il faut dire que chaque visite présidentielle s'accompagne désormais d'un impressionnant dispositif de sécurité. Plusieurs heures avant l'arrivée du chef de l'État, les forces de l'ordre se déploient dès la sortie de l'autoroute qui mène à l'entrée de la ville et se font plus nombreuses à mesure que l'on approche de la Monéjan. Le centre ville du Touquet prend des allures de quartier en état de siège. Pas simple pour Emmanuel Macron de venir se ressourcer incognito en son paisible repaire. Il y parvient toutefois de temps à autre, se retirant sur la Côte d'Opale dès qu'il en a l'occasion.

« C'est ici qu'on préserve sa vie de famille, qu'on se revitalise et qu'on fait le vide. Rien d'étonnant à ce que l'équipe de France de judo ait choisi Le Touquet pour se préparer avant les JO de Londres 2012. Pour le président, c'est pareil. Le Touquet est un endroit de préparation, mais aussi de décompression », confirme Denis Calouin, premier adjoint à la mairie, et directeur du club de plage La Joie de vivre. C'est là qu'en 2016 le candidat Macron avait rédigé l'essentiel de son livre programme *Révolution*, enfermé dans son bureau, au premier étage de la villa familiale, avant de se lancer dans la mêlée électorale. C'est là qu'en avril 2019, il a préparé la grande conférence de presse qui devait solder, quelques jours plus tard dans la salle des fêtes de l'Élysée, les résultats du « grand débat national », cette vaste opération de communication, autant que de politique, visant à sauver la deuxième moitié de son quinquennat après la bourrasque des Gilets jaunes.

Bref, c'est là que, depuis le printemps 2017, le chef de l'État se réfugie dès qu'il le peut pour couper un instant avec ces événements incontrôlés qui ballottent son mandat. Comme ce 31 août 2019, où, tout juste de retour du sommet du G7 réuni à Biarritz, il s'est octroyé une parenthèse enchantée, et presque improvisée, de deux jours au Touquet, avant de replonger dans la grisaille de ses dossiers élyséens. Un bras de fer épuisant avec le président Donald Trump pour le dissuader de taxer le vin français importé aux États-Unis ; un duel à distance avec son homologue brésilien Jair Bolsonaro coupable d'insultes machistes à l'endroit de Brigitte Macron sur fond d'incendies incontrôlés en Amazonie ; une invitation surprise au ministre des Affaires étrangères iranien, Mohammad Javad Zarif, pour tenter, en vain, de débloquer le dossier nucléaire ; le marathon du G7 s'est avéré particulièrement éprouvant pour l'hôte français. Après un bref passage obligé par Paris, Emmanuel Macron décide donc de s'offrir une trêve réparatrice et d'aller rejoindre Brigitte arrivée dès le jeudi sur la Côte d'Opale.

Juliette Bernard se souvient fort bien de l'irruption du président. Comme la plupart des après-midi de cette fin d'été, elle était alanguie sur la plage, dos au soleil, avec son époux Olivier, son beau-frère Thierry et leurs amis les Campion. « Tiens, il y a quelqu'un là-bas loin qui ressemble à Emmanuel… » « Mais non, tu dois te tromper, répond son époux à demi assoupi, c'est pas possible… » Juliette lève les yeux et jette un regard circulaire derrière elle. Elle croit apercevoir quelques gardes du corps discrètement planqués sur les coursives et les escaliers qui descendent sur la plage : « Si, si, je vous assure qu'il ne doit pas être loin… » Et hop, Manu surgit par surprise dans le dos d'Olivier : « Alors, salut les amis, on ne dit plus bonjour ? » Et le chef de l'État de demander des nouvelles aux uns et aux autres : « Alors qu'est-ce que tu deviens ? » Et de s'enquérir du parcours de leurs enfants : « Et ton fils, Thomas, toujours chez Sony ? » Manu en polo et bermuda sombre, Brigitte en robe d'été bleue se posent dans deux chaises longues et voilà qu'à deux pas, un autre estivant, Antoine Lévèque, ancien chargé de communication de Jean-François Copé, immortalise la scène et publie sur son compte Twitter le cliché de ses « chics voisins de serviette ». Aussitôt, l'escapade prévue incognito ne l'est plus, une poignée de badauds affluent. Au menu de ce court week-end, la traditionnelle balade à vélo et la séance d'entraînement de tennis avec Patrice Kuchna. Un programme immuable, identique à celui du précédent passage du président, à la fin du mois de mai 2019. Ce week-end-là, à l'occasion des élections européennes, le couple était venu glisser dans l'urne un bulletin de vote au nom de Nathalie Loiseau, l'ex-ministre chargée des Affaires européennes qui conduisait la liste de La République En Marche ! Un rituel électoral auquel Macron ne déroge plus depuis qu'il est à l'Élysée. Désormais, il se déplace chaque fois en personne jusqu'au Touquet pour accomplir son devoir de citoyen.

Ministre de l'Économie, il lui arrivait, avec Brigitte, de laisser deux procurations à leurs amis les Bernard. Lors des élections régionales de décembre 2015, Juliette avait même insisté pour prendre la procuration d'Emmanuel plutôt que celle de Brigitte : « Laisse-moi voter pour toi, rien que pour voir la tête que va faire Fasquelle… », avait rigolé la facétieuse Juliette Bernard. Virulente opposante à Daniel Fasquelle au sein du conseil municipal, elle se faisait une joie de le narguer devant ses administrés. Le jour dit, c'est son mari, Olivier, qui s'est chargé de voter à la place de sa copine d'enfance, Brigitte. Et c'est avec un grand sourire aux lèvres qu'à l'appel du nom de « Monsieur Emmanuel Macron », Juliette s'est avancée jusqu'à l'urne du bureau de vote de l'hôtel de ville pour glisser le bulletin choisi par le ministre de François Hollande, sous le regard courroucé de Daniel Fasquelle. Pour l'occasion, fidèle au choix de son mandant, Juliette vota… socialiste pour la première et unique fois de son existence. À l'époque, Emmanuel votait encore à gauche, Juliette, elle, ne s'était jamais risquée à pareille expérience, fût-ce par procuration.

Les week-ends d'élection au Touquet, c'est surtout l'occasion pour le chef de l'État de tester son inaltérable popularité à la sortie du bureau de vote. Une embellie anticyclonique appréciable quand le temps est à l'orage dans le pays. Embrassades, poignées de main, selfies, bises aux enfants, Emmanuel Macron se délecte de ces rares moments de bonheur et d'apaisement qui lui sont devenus interdits dans l'Hexagone, hors la bulle touquettoise.

À la caisse de son magasin de souvenirs – « la plus petite boutique du Touquet », sourit-il – Jean-Marc Monteuuis écoule encore plus que d'ordinaire ses cartes postales de la « villa présidentielle » et ses crayons à papier siglés « Le président ». Le must ? La boule à neige dans laquelle un portrait d'Emmanuel Macron, sur fond d'affiche du fameux caddy de golf emblème de la station, lance : « Vivement le Touquet ! » Comme un vibrant cri du cœur… Vivement le Touquet, oui, pour y puiser un semblant de réconfort et oublier un instant l'incessant cortège de troubles qui l'accompagne depuis son entrée à l'Élysée. Car Le Touquet est un nid douillet, un bouclier, un village où les Macron ont leurs anges gardiens qui s'appliquent à désamorcer les rumeurs que les mauvaises langues s'efforcent de propager. Parmi leurs protecteurs, cette notable locale, membre de la société académique de la commune, qui s'insurge de l'une des dernières calomnies en date : « Ma tante joue au bridge avec une sœur de Brigitte et son mari. Il y a quelques semaines, la presse people a dit qu'elle était allée faire de la chirurgie esthétique. C'est complètement faux ! En réalité, elle est allée chez le dentiste. Il faut toujours vérifier ce qu'on entend ! » Et la même d'ajouter : « Ce qui est vrai – certifié –, c'est qu'une fois Emmanuel Macron a percé le mur de la salle de bains des voisins en faisant du bricolage, je le tiens de source sûre… »

« Bravo, Monsieur le Président ! » « Tenez bon ! » « Vous êtes le meilleur ! » Chacun des passages du chef de l'État dans la station donne lieu à une impressionnante cohue, un bain de foule aux allures de bain de jouvence qui réveille le souvenir de l'euphorie originelle, celle qui régnait en ces mêmes lieux, le 7 mai 2017. Ce dimanche-là, jour de l'apothéose du couple et de l'entrée du pays en Macronie, Emmanuel et Brigitte s'étaient avancés main dans la main vers le bureau de vote de l'hôtel de ville, fendant la foule sous les applaudissements et les vivats.

Le plus beau moment de leur vie touquettoise depuis le mariage au West, près de dix ans plus tôt. La veille du scrutin, toute la famille était réunie à la Monéjan pour fêter l'anniversaire d'Élise, l'un des deux enfants de Tiphaine Auzière. Des rires d'enfants qui cavalcadent dans les escaliers, des parents qui trinquent au champagne à un avenir qui s'annonce radieux, des générations qui se tombent dans les bras la larme à l'œil, comme un condensé de toute l'histoire de la dynastie Trogneux et de la vie de Brigitte en cette maison tellement chargée de souvenirs et d'émotions.

Une promenade sur la plage en fin de journée puis Brigitte et Emmanuel avaient achevé la journée en allant dîner à la brasserie des Sports, comme un ultime rituel à respecter avant le sacre annoncé du lendemain. Aucun suspense quant à l'issue du scrutin présidentiel, Marine Le Pen était promise à une défaite sévère et Emmanuel à un triomphe historique. Les portes de l'Élysée s'ouvraient, la France s'offrait à lui, tout était permis.

Une fois accompli leur devoir d'électeur, Brigitte et Emmanuel étaient sortis de la mairie sous les acclamations de leurs innombrables supporters enthousiastes. Il ne manquait guère que quelques poignées de riz lancées sur leur passage pour leur rappeler leurs noces d'antan !

Dix ans après Brigitte, Emmanuel épousait le pays. Deux heures plus tard, le cortège du futur président repartait vers Paris en empruntant à fond de train l'autoroute A16. Une ultime halte sur l'aire de la baie de Somme pour avaler au comptoir du self-service un cordon-bleu, sa madeleine proustienne, et Emmanuel Macron tournait la page de sa longue jeunesse touquettoise pour se consacrer à son devoir jupitérien de chef d'État. Adieu la Côte d'Opale, bonjour l'Élysée ! Place au plus jeune président de la République de toute l'histoire de France.

Depuis, à mesure que son mandat s'enfonce dans les difficultés et que l'impopularité le submerge, Emmanuel Macron s'applique à y revenir de temps à autre, comme pour rechercher la recette de cet élixir, aujourd'hui dissipé, qui fit son succès initial.

Ainsi, à la fin du mois de novembre 2019, la tournée picarde du chef de l'État vira-t-elle au retour aux sources. Aux sources de son élection d'abord, lorsque Emmanuel Macron s'en alla rencontrer, à Amiens, les ex-salariés de l'usine Whirlpool, licenciés malgré les promesses dont il les avait abreuvés durant la campagne présidentielle. Entre les deux tours du scrutin, Marine Le Pen était venue le défier devant les caméras sur le parking de l'usine. Le candidat Macron lui avait succédé quelques minutes plus tard et avait réussi le tour de force de renverser une situation délicate en arrachant l'approbation de l'assemblée qui l'avait d'abord accueilli de façon hostile. Deux ans et demi plus tard, l'usine fermée, les salariés au chômage, les illusions dissipées, la magie n'a pas opéré et le président s'est heurté à une réception sévère en revenant sur les lieux. Huées, cris, invectives, la rencontre avec les ouvriers a tourné au dialogue de sourds.

Raison de plus pour aller chercher quelque réconfort du côté du Touquet. Emmanuel y rejoint alors Brigitte pour deux jours de coupure. Comme une brève convalescence, avec ses étapes incontournables ; la partie de tennis avec les Kuchna père et fils, la visite à Grégoire Campion pour « parler de tout et de rien » autour d'un verre de vin et la bise porte-bonheur sur son crâne chauve au moment de le quitter ; avant le dîner au restaurant L'Atelier éphémère aux bons soins de l'éternel Gilbert (voir chapitre VI). Comme au bon vieux temps, comme au temps d'avant. D'avant les Gilets jaunes, les grèves, les manifestations contre la réforme des retraites, bref le temps d'avant l'Élysée.

Car, pour Emmanuel Macron, c'est au Touquet que tout a vraiment commencé, à la fin de l'été 2014. En ce fameux mardi 26 août, lorsque François Hollande s'est mis en quête d'un nouveau ministre de l'Économie pour remplacer le tonitruant Arnaud Montebourg, coupable d'avoir humilié le chef de l'État en débouchonnant, face caméras, une bouteille de vin rouge baptisée « La cuvée du président ». Emmanuel Macron avait quitté l'Élysée un mois et demi plus tôt, vexé d'être passé par pertes et profits par ce président qu'il n'estimait guère parce qu'il ne savait pas reconnaître ses talents à leur juste mesure. « Je m'en vais, confia-t-il à un cacique socialiste, mais je reviendrai et j'attaquerai tout ça au pic à glace. » Ce 26 août, Manu passait donc des vacances tranquilles au Touquet avec Bibi, l'un et l'autre pédalant de concert sur le front de mer en se jetant des regards amoureux, lorsque le secrétaire général de l'Élysée, Jean-Pierre Jouyet, finit par réussir à le joindre. Cédant à la pression, plus intéressée qu'amicale, de son Premier ministre Manuel Valls, François Hollande lui propose Bercy. Emmanuel accepte. Il raccroche. Puis passe son tout premier coup de fil à... son vieux copain Greg. Il avait en effet prévu de dîner avec Grégoire Campion le soir même. « Désolé Greg, mais je dois reporter, s'excuse-t-il. Je dois rentrer à Paris sur-le-champ. On se fera une bouffe la prochaine fois... »

Le lendemain, il succédait à Arnaud Montebourg à Bercy, première étape de la mise en orbite de sa fusée présidentielle.

Deux ans plus tard, en août 2016, le baptême d'un nouveau petit-fils Trogneux égaye encore une fois la Monéjan. Ciel bleu, météo caniculaire, assemblée gaie et festive. Vieil ami de la famille, l'ancien curé du Touquet, Jacques Noyer, est assis à côté de Jean-Claude, le frère aîné de Brigitte. À 92 ans, après avoir achevé son parcours d'ecclésiastique comme évêque d'Amiens, le père Noyer est un proche, presque un confident des Trogneux. À l'époque, Jean-Claude est déjà très malade et le curé se fait volontiers prévenant. Tout à coup, Brigitte s'approche et glisse sur le mode de la confidence : « Emmanuel va se lancer à la présidentielle... » Un silence, puis elle poursuit : « Franchement, vous me voyez Première dame de France ? » Jean-Claude d'un sourire fatigué : « Tu feras une très belle Première dame. » Brigitte, espiègle : « À mon âge ? Tu es sûr ? » Et de se tourner, implorante vers Jacques Noyer : « Mon père, priez pour nous ! »

Quelques jours plus tard, Emmanuel claquait la porte du ministère de l'Économie, à Bercy, pour se lancer à l'assaut de l'Élysée. Mission accomplie. Depuis qu'il y trône, les prières du père Noyer semblent avoir moins d'effet. Comme si, à force de s'en être éloigné, la magie touquettoise avait cessé de protéger l'enfant prodigue de la station.

Depuis 2017, les nuages s'accumulent, les tourments s'enchaînent, les crises se succèdent à un rythme effréné. Le chaos semble toujours plus proche. Dos au mur, Emmanuel Macron est ballotté au gré d'événements tragiques qui lui échappent. Il se retrouve même à devoir gérer les conséquences de la plus grave catastrophe sanitaire, économique et sociale infligée à la France, et au monde, par un virus que nul, ni lui, ni les autres gouvernants et responsables politiques, ni même les médecins et scientifiques n'avaient vu venir.

À la Monéjan, comme à Paris, il arrive au chef de l'État de se repasser *Les Tontons flingueurs*. Ce film mythique de Georges Lautner, sorti quinze ans avant sa naissance, a accompagné sa jeunesse, son adolescence, ses années de maturité. Il ne s'en lasse jamais. Avec des copains étudiants, il lui est arrivé de mimer les scènes du quatuor Lino Ventura, Francis Blanche, Bernard Blier et Jean Lefebvre, dont l'inoubliable morceau de bravoure de la beuverie dans la cuisine.

« On n'est tout de même pas venus pour beurrer des sandwichs » « Les cons, ça ose tout. C'est même à ça qu'on les reconnaît. » Ou encore : « Je vais l'renvoyer à la maison mère, au terminus des prétentieux ! » Emmanuel connaît par cœur chaque réplique. Il ne résiste pas au plaisir d'en balancer une de temps à autre, depuis les bancs de Sciences Po jusqu'au solennel conclave du… Conseil des ministres.

Dans le film, accablé de soucis et d'urgences en tout genre, dans une ambiance de « bourre-pifs », règlements de comptes et fusillades, Fernand Naudin (alias Lino Ventura) est parfois tenté de baisser les bras. Appelé à Paris pour gérer en urgence l'héritage du « Mexicain », Naudin a abandonné à regret sa paisible province et se prend à rêver d'y retourner un jour. « À quoi tu penses, oncle Fernand ? » lui demande la jeune Patricia. « À Montauban, réplique l'oncle Fernand, on ne devrait jamais quitter Montauban ! »

Le Touquet non plus, se disent parfois Manu et Bibi. Quand on aspire au bonheur, à la quiétude, à la paix, on ne devrait jamais quitter Le Touquet…

Table

Remerciements

Cette plongée dans la douce quiétude touquettoise ne serait pas sans l'apport de tous ceux qui ont accepté de nous rencontrer. Proches du couple Macron, amis du clan Trogneux, Touquettois bien sûr, mais aussi Amiénois ou Parisiens… Figures du palace Westminster ou de la brasserie des Sports, élus ou copains d'enfance, voisins de cabines de plage ou condisciples d'études et tout simplement compagnons de vie, tous ont accepté de nous raconter, avec pudeur et justesse, les aventures de Bibi et Manu sur la Côte d'Opale. Ils se retrouveront dans cet ouvrage et nous leur témoignons notre plus sincère reconnaissance. Un merci particulier à L'Indien, ainsi qu'à la Société académique du Touquet pour leur aide précieuse. Nous remercions également Mme Brigitte Macron et sa fille Tiphaine Auzière pour avoir accepté de nous répondre et pour nous avoir dévoilé quelques pans de leurs racines touquettoises. Et comme un ouvrage est toujours une œuvre collective, au-delà même des deux auteurs qui le signent, nous tenons à remercier du fond du cœur nos proches, Johanne, Garance, Maximilien, Thierry, Adèle et Perrine, pour leur grande patience et leur indispensable soutien de chaque instant. Nous remercions enfin notre éditrice, Mireille Paolini, pour son appui constant, ses conseils toujours judicieux et sa légendaire bienveillance.

Ouvrages de Renaud Dély

DOCUMENTS

Histoire secrète du Front national
Grasset, 1999

Les Tabous de la gauche
Bourin, 2006

Que restera-t-il des années Chirac ?
Milan, 2007

Sarkozy et l'Argent roi
avec Didier Hassoux
Calmann-Lévy, 2008

La Guerre des ex
Éditions du Moment, 2008

Besancenot, l'idiot utile du sarkozysme
Bourin, 2009

Brèves de football
Bourin, 2010

Tous les coups sont permis
De Mitterrand à Sarkozy, la violence en politique
avec Henri Vernet
Calmann-Lévy, 2011

La Droite brune
UMP-FN, les secrets d'une liaison fatale
Flammarion, 2012

Les Années trente sont de retour.
Petite leçon d'histoire pour comprendre les crises du présent
avec Claude Askolovitch, Pascal Blanchard et Yvan Gastaut
Flammarion, 2014

Frères ennemis. L'hyperviolence en politique
avec Henri Vernet
Calmann-Lévy, 2015

La Vraie Marine Le Pen
Une bobo chez les fachos
Plon, 2017

ROMAN

La Vacance du petit Nicolas
avec Pierre Cherruau
Baleine, coll. « Le Poulpe », n° 274, 2011

BANDES DESSINÉES (SCÉNARIO)

AVEC AUREL

Sarkozy et ses femmes
Drugstore, 2010

Sarkozy et les Riches
Drugstore, 2011
Hollande et ses deux femmes
Glénat, 2013

La République des couacs
Glénat, 2014

AVEC FREDERIC COICAULT

La Dynastie Le Pen
Delcourt, 2017

Balkany Company
Delcourt, 2017

AVEC JEAN GARRIGUES, STEFANO CARLONI
ET CHRISTOPHE REGNAULT

Clemenceau
Glénat-Fayard, 2017

AVEC THIBAUT SOULCIE

Macronarchie
Glénat, 2019

RÉALISATION : NORD COMPO À VILLENEUVE-D'ASCQ
ACHEVÉ D'IMPRIMER SUR ROTO-PAGE
PAR L'IMPRIMERIE FLOCH À MAYENNE
DÉPÔT LÉGAL : JUIN 2020. N° 142077 (96196)
IMPRIMÉ EN FRANCE